Yvonne Howell

•

Apocalyptic Realism

The Science Fiction
of Arkady and Boris Strugatsky

Peter Lang
1994

Ивонн Хауэлл

Апокалиптический реализм

Научная фантастика Аркадия и Бориса Стругацких

Academic Studies Press

БиблиоРоссика

Бостон / Санкт-Петербург

2021

УДК 82.02/.09
ББК 33.3(2Рос=Рус)6
Х26

Перевод с английского Елены Нестеровой

Серийное оформление Ивана Граве
В оформлении обложки использована картина Алексея Граве «На орбите»

Хауэлл И.
Х26 Апокалиптический реализм: Научная фантастика Аркадия и Бориса Стругацких / Ивонн Хауэлл ; [пер. с англ. Е. Нестеровой]. — Бостон : Academic Studies Press ; Санкт-Петербург : БиблиоРоссика, 2021. — 192 с. — (Серия «Современная западная русистика» = «Contemporary Western Rusistika»).

ISBN 978-1-6446945-2-7 (Academic Studies Press)
ISBN 978-5-6044709-2-3 (БиблиоРоссика)

Популярность Стругацких неразрывно связана с научно-фантастическим жанром, в котором они оказались столь талантливы. Автор не пытается систематически исследовать их творческий путь или оценить их место в мировой научной фантастике, а скорее рассматривает творчество писателей с точки зрения истории и эволюции массовой русской литературы, стараясь определить их место в контексте уже устоявшихся литературных и культурных традиций. По мнению Ивонн Хауэлл, в современном контексте правильнее говорить о творчестве Стругацких как об «апокалиптическом реализме».

Книга предназначена для специалистов по истории советской литературы, для студентов и всех заинтересованных читателей.

УДК 82.02/.09
ББК 33.3(2Рос=Рус)6

© Yvonne Howell, текст, 1994
© Peter Lang Publishing, Inc., 1994
© Е. Е. Нестрова, перевод, 2020
© Academic Studies Press, 2020
© Оформление и макет
ООО «БиблиоРоссика», 2020

ISBN 978-1-6446945-2-7
ISBN 978-5-6044709-2-3

Введение и благодарности

По результатам опроса, проведенного в 1967 году по всей стране, четыре романа А. Н. и Б. Н. Стругацких заняли первое, второе, шестое и десятое места в списке самых популярных произведений научной фантастики в Советском Союзе. Повести Стругацких «Трудно быть богом» (1964) и «Понедельник начинается в субботу» (1965) заняли первое и второе места соответственно, опередив «Марсианские хроники» Р. Брэдбери, «Солярис» С. Лема и «Я, робот» А. Азимова в русских переводах. Следующие два десятилетия популярность Стругацких среди советских читателей считалась естественной и закономерной, они неизменно возглавляли любые списки, лишь переставлявшие местами в рейтинге сравнительной популярности всех остальных научных фантастов. Очевидно, что читательские опросы не оценивают ни художественные достоинства произведения, ни его значение для последующих поколений. Тем не менее то, что Стругацкие продолжали пользоваться успехом на протяжении трех десятилетий, несмотря на неизбежные изменения и в самом жанре научной фантастики, и в идеологии советской литературной политики, заставляет задаться вопросом: как фантастика, написанная профессиональным (в том числе военным) переводчиком с японского (Аркадием Натановичем Стругацким, 1925–1991) и его братом — астрофизиком, когда-то работавшим в Пулковской обсерватории (Борисом Натановичем Стругацким, 1933–2012), нашла такой отклик у русской образованной читательской аудитории?

Стругацкие начали писать научную фантастику в соавторстве в конце 1950-х годов и сразу стали самыми популярными писателями этого жанра, но в отличие от популярных фантастов на Западе, их слава скоро вышла из научно-фантастического гетто и даже за пределы популярной или массовой литературы. С каждым новым романом становилось все очевиднее, что основной читатель Стругацких — это так называемая интеллигенция. Слову «интеллигенция» какой-то остроумный человек дал краткое, но выразительное определение: «люди, которые *думают*». Иначе говоря, интеллигенция — это не обязательно академическая и профессиональная элита страны, представители которой часто достигали своего положения, думая только то, что официально считалось правильным. К ней могут относиться люди из любых слоев общества, небезразличные к интеллектуальным и этическим проблемам. Неудивительно, однако, что самыми преданными почитателями Стругацких были представители научно-технической сферы.

Несмотря на огромную популярность произведений Стругацких в Советском Союзе, критической литературы, посвященной их творчеству, крайне мало. Одна из главных причин слабого внимания критики к Стругацким до эпохи гласности — политическая. В постхрущевский период они занимали сомнительное и несколько необычное положение писателей, вроде и не внесенных официально в черный список, но и не то чтобы полностью одобренных свыше. Рост враждебности со стороны официальной критики к их творчеству в конце 1960-х годов привел к тому, что они стали вести себя крайне осторожно, и в 1970-х годах о них было практически не слышно. Так что их врагам скоро стало нечего критиковать, а друзья и сторонники или эмигрировали, или в знак дружбы и расположения хранили заговорщицкое молчание, стараясь не обострять проблемы Стругацких конструктивным анализом их откровенно антимарксистских произведений. Западные критики в общем и целом вели себя примерно так же, только по иным причинам: если авторы не были диссидентами, то не стоило о них и писать. К тому же Стругацкие не относились ни к одному из основных направлений в русской литературе 70-х — ни к городской прозе, примером которой служат произведения Юрия Трифонова, ни к деревенской прозе, с Валентином Распутиным во главе, ни к каким-либо другим. Поэтому я и стремлюсь в своем исследовании восстановить баланс между значением творчества Стругацких для современной русской культуры и научным вниманием к нему, которое до сих пор было явно недостаточным. Однако я не пытаюсь осмыслить место Стругацких в мировой научной фантастике в целом, а скорее предлагаю взглянуть на него в контексте их собственной литературной и культурной среды.

Это исследование было задумано прежде, чем проводимая М. С. Горбачевым политика гласности изменила то, как подвергали цензуре, публиковали (или не публиковали) и читали книги в бывшем Советском Союзе. Политика «открытости», проводившаяся в последние годы жизни Аркадия Стругацкого, никак напрямую не повлияла на качество книг Стругацких. Теперь, когда все их романы отредактированы и опубликованы в первозданном виде, без цензуры, стало ясно, что Стругацкие, как и многие их более знаменитые предшественники, относятся к тем писателям, чьи неканонические произведения после многих лет замалчивания открываются заново. В качестве комментария к своему исследованию об «апокалиптическом реализме» осмелюсь предположить, что в России и в эпоху «постгласности» произведения Стругацких будут интересны читателям и любимы — не только из-за их исторической ценности благодаря описаниям уникальной научной культуры (культуры разрозненных, но талантливых групп людей, обеспечивших успех дерзаниям советской науки), но и за их художественные достоинства.

Я не смогу поблагодарить здесь поименно всех, кто внес вклад в мое исследование: нередко самый обычный разговор оказывался бесценным. Хочу выразить горячую благодарность за поддержку всем своим коллегам по Дартмутскому колледжу. Я особенно признательна Льву Лосеву, Джону Копперу, Кевину Райнхарту и Кэрол Барденстайн за их профессиональные консультации и помощь в работе с первыми черновиками моего исследования и незнакомыми материалами. Я хотела бы сказать спасибо Эрику Рабкину за внимательное чтение и советы в самом начале осуществления этого проекта, Кену Кноспелу — за помощь на заключительном этапе и Даниилу Александрову за его ценные замечания. Я также признательна за потрясающее гостеприимство жизнерадостным «люденам» Москвы, Санкт-Петербурга, и Абакана. Ричмондский университет оказал мне финансовую поддержку на завершающих этапах работы над книгой.

Многое изменилось с тех пор, как эта книга была задумана в конце 1980-х. К счастью, кое-что осталось неизменным: три десятилетия спустя Таня Лобашева, Ольга Гусева и удивительная Елена Романовна Гагинская, каждая в своей неподражаемой манере, по-прежнему остаются источником потрясающей дружбы, вдохновения и поддержки.

Опыт возвращения к исследованию культурного феномена, который оставался важным и вызывающим инетерес с тех самых пор, как я впервые пыталась разобраться в нем, неизбежно странный и даже остранняющий. В свете огромного исследовательского внимания в работам Стругацких за то время, что прошло с создания «Апокалиптического реализма», акцент на одних моментах и отстутсие внимания к другим может показаться необычным. Тем не менее я надеюсь, что новые поколения читателей найдут что-то интересное для себя и даже откроют новое в моем истолковании роли Стругацких как прозорливых проводников сквозь сложно переплетеные векторы научного, общественного и духовного развития в позднем СССР. И тут я хочу поблагодарить команду переводчиков и редакторов Academic Studies Press за вложенный в подготовку этого издания труд и профессионализм.

Англоязычная публикация моей книги содержит небольшое посвящение Аркадию Стругацкому, который умер в 1991 году, как раз когда я начинала свой проект. Борис Стругацкий был еще жив и однажды позволил мне присутствовать на семинаре, который он проводил для нескольких (все юноши) студентов на тему грядущего экологического кризиса в стране. Он не говорил с иностранными исследователями о себе или своих произведениях. И я с уважением отношусь к его решению. С другой стороны, у меня был круг блестящих и очень любимых друзей, многие из которых похожи на персонажи Стругацких — ленинградские цитилоги, генетики, зоологи, орнитологи. Я посвящаю эту книгу им всем.

Предисловие

Эпиграфом к последнему опубликованному произведению, которое Аркадий и Борис Стругацкие написали вместе, служит цитата из японского писателя Рюноскэ Акутагавы:

> Назвать деспота деспотом
> всегда было опасно.
> А в наши дни
> настолько же опасно
> назвать рабов рабами[1].

Затем следует перечень действующих лиц. Это пьеса, а действующие лица — профессор средних лет, его жена, два их взрослых сына, друзья и соседи. Еще есть Черный Человек. В первой сцене нет ничего необычного:

> Гостиная-кабинет в квартире профессора Кирсанова. Прямо — большие окна, задернутые шторами. Между ними — старинной работы стол-бюро с многочисленными выдвижными ящичками. На столе — раскрытая пишущая машинка, стопки бумаг, папки, несколько мощных словарей, беспорядок.
> Посредине комнаты — овальный стол: скатерть, электрический самовар, чашки, сахарница, ваза с печеньем. Слева, боком к зрителям, установлен огромный телевизор. За чаем сидят и смотрят заседание Верховного Совета. <...>
> К и р с а н о в. Опять эта харя выперлась! Терпеть его не могу...
> Б а з а р и н. Бывают и похуже... Зоя Сергеевна, накапайте мне еще чашечку, если можно...
> З о я С е р г е е в н а *(наливая чай)*. Вам покрепче?
> Б а з а р и н. Не надо покрепче, не надо, ночь на дворе...

---

[1] Эпиграф из Акутагавы цитируется по пьесе Стругацких. — *Примеч. пер.*

К и р с а н о в *(с отвращением)*. Нет, но до чего же мерзопакостная рожа! Ведь в какой-нибудь Португалии его из-за одной только этой рожи никогда бы в парламент не выбрали! [Стругацкие 2000–2003, 9: 198–199].

Вскоре в дверях появляется таинственный человек в черном. Хотя он и объясняет свое непрошеное вторжение в квартиру словами: «У вас дверь приоткрыта, а звонок не работает», ясно, что он может войти и войдет в любую нужную ему квартиру в любое время ночи. Внимательно изучив паспорт Кирсанова, он вручает ему официальную с виду бумагу, просит расписаться в квитанции и исчезает. В бумаге написано: «Богачи города Питера! Все богачи города Питера и окрестностей должны явиться сегодня, двенадцатого января, к восьми часам утра на площадь перед...» Указано место, что взять с собой и что оставить. Через несколько минут появляется Пинский, сосед Кирсановых сверху и друг семьи, в халате и тапочках, с такой же бумагой в руках, только с обращением: «Жиды города Питера!..» Уничижительное обращение к евреям стирает всякие сомнения относительно природы повестки, и оба — «богач» Кирсанов и еврей Пинский — пытаются побороть растущее чувство беспомощности.

Так начинается пьеса Стругацких «Жиды города Питера, или Невеселые беседы при свечах», написанная и напечатанная в 1990 году. Весной 1991 года она не сходила с театральных подмостков Ленинграда — города, который его жители называли Санкт-Петербургом, городом Петра или просто Питером. На первый взгляд пьеса кажется чем-то новым и необычным в творчестве братьев Стругацких. Неужели авторы поддались веяниям эпохи гласности и отказались от фантастической литературы ради едва завуалированной публицистики?

Вовсе нет. Несмотря на всю свою злободневность и внешний реализм, пьеса полностью соответствует стилю фантастики Стругацких. Стремительно развивающийся, захватывающий сюжет пьесы построен на законах «дешевого» детектива и научной фантастики, но по исполненным глубокого философского смысла обличительным речам главных персонажей понятно, что ее место — в серьезной литературе. Оставаясь на высоте своего мастерства и в «Жидах города Питера», Стругацкие объединяют поверхностное и глубокое, повседневное и метафизическое, не стараясь сглаживать противоречия между разными полюсами. В этой пьесе присутствуют все черты, характерные для зрелого творчества Стругацких. Эпиграфом послужили строки любимого японского писателя Аркадия Стругацкого, и, что важно, эпиграф лаконично выражает социополитическую тему, которую развивают Стругацкие в своем творчестве. Персонажи и диалоги (не важно, относятся ли на первый взгляд время и место к будущему и/или к чужим мирам) так удачно вписываются в привычные для современных советских городских интеллектуалов нормы, что догадка о существовании реальных прототипов среди знакомых авторов нередко оказывается правильной. Более того, конкретные детали пространства действия несомненно принадлежат к их современному окружению. Несмотря на «кабины нуль-транспортировки» и другие высокотехнологичные устройства откровенно фантастического характера в ранних романах, материальный мир Стругацких почти всегда отражает современные им советские реалии: например, у профессора механическая печатная машинка в чехле для переноски, а не компьютер. Точно так же любой российский читатель легко представит вазочку с безвкусным магазинным печеньем: и то и другое штамповалось в одном размере и цвете плановой экономикой. Но именно эта скучная реальность порождает вторую, метафизическую реальность: человек в черном, легко отождествляемый с агентом КГБ, обладает также ореолом моцартовского «черного человека» из маленькой трагедии А. С. Пушкина «Моцарт и Сальери».

Одна из прописных истин при изучении научно-фантастического жанра заключается в том, что в научной фантастике реальность «делается странной» в свете одной-единственной фантастической предпосылки. Дарко Сувин определил научную фантастику как жанр, который «отталкивается от вымышленной ("литературной") гипотезы и развивает ее со всей возможной ("научной") строгостью» [Suvin 1979: 6]. Пьеса Стругацких соответствуют этому определению, но с оговоркой. В их изображении обыденная советская реальность действительно «делается странной» из-за одной необыкновенной предпосылки. Эта фантастическая предпосылка, бросающая тень сверхъестественного на повседневную жизнь, состоит в том, что в 1990 году, на пике реформ Горбачева эпохи гласности, страна могла неожиданно вернуться к темным временам террора, погромов и тоталитаризма. На сей раз, однако, вектор между жизнью и литературной гипотезой изменил свое направление. 19 августа 1991 года, через четыре месяца после публикации «Жидов города Питера», неудачный путч радикально настроенных коммунистов превратил «фантастическую» литературную гипотезу Стругацких в предотвращенную политическую реальность. Для российского писателя, наверное, почти всегда приятнее видеть, что искусство не воплощается в жизни, а предотвращает жизненные события. Позже я постараюсь установить схемы взаимодействия между тем, как Стругацкие изображают советскую реальность, и «фантастическими предпосылками», которые они черпают из русского литературного и культурного наследия.

В этой книге я не пытаюсь систематически исследовать творческий путь Стругацких или оценить их место в мировой научной фантастике. Я скорее рассматриваю их творчество со стороны истории и эволюции массовой русской литературы и стараюсь определить их место в контексте уже устоявшихся русских отечественных литературных и культурных традиций. Одно из дополнительных преимуществ этого подхода состоит в том, что он, помимо прочего, помогает осветить природу восприятия Стругацких на Западе. Удивительно, что даже самые популярные фантасты из Советского Союза не имели на англо-американском рынке такого же успеха, как, например, Станислав Лем из Польши. Если не принимать в расчет (некоторые) неудачные переводы на английский, на удивление скромный успех произведений Стругацких на Западе отчасти объясняется тем, что читателю там мало знакомы сугубо российские вопросы, к которым обращаются Стругацкие во вроде бы интернациональном жанре.

Важнее то, что я надеюсь заполнить обширный пробел в существующей критике (и советской, и западной), обычно обращавшей внимание лишь на аллегорические возможности научной фантастики. Крайне заманчиво проигнорировать то, *как* пишут Стругацкие, фокусируя внимание на *основной идее*, которая явно приземленнее и политически современнее, чем пытается уверить недоброжелательного цензора своим межгалактическим видом пространство, где разворачивается действие. Отстаивая эту мысль, критики часто стремились извлечь и изолировать социальную, политическую или этическую линию из произведений Стругацких, словно бы доказывая, что *эта* научная фантастика — не просто эскапистское развлечение. Благодаря лучшим образцам такого рода критики за Стругацкими утвердилась слава писателей, прежде всего интересующихся серьезными философскими, социальными и этическими вопросами.

С другой стороны, неослабевающая популярность Стругацких неразрывно связана с традиционно «популярным» жанром научной фантастики. И Стругацие «оказались» чрезвычайно талантливыми его представителями. Научная фантастика, как и два других популярных жанра, с которыми она часто переплетается: детективный, или криминальный, роман и приключенческий / исторический роман, — является частью массовой литературы, поскольку в ней, согласно сложившимся традициям, обычно присутствуют экзотические персонажи и/или экзотические пространства и увлекательный сюжет. Для научной фантастики привычны: столкновение человеческих и инопланетных форм жизни, противоречие между гуманистическими ценностями и технологическим прогрессом, сопоставление обществ прошлого и будущего и т. д. Любое значительное отступление от привычных, шаблонных исходных условий является и очевидным отступлением от законов самого жанра, что обычно приводит читателя в замешательство[2]. Другими словами, научная фантастика считается по умолчанию доступной и развлекательной, в отличие от тяжеловесного классического реализма и изощренных авангардистских экспериментов. В таком виде, однако, ей сложно привлечь серьезное внимание критиков — обычная и часто заслуженная судьба поджанров массовой литературы и на Востоке, и на Западе. Один российский критик предположил, что удивительное отсутствие критической литературы о Стругацких даже после трех десятилетий их неизменной популярности объясняется изначальным недостатком уважения к фантастическому жанру:

> Так в чем же дело? Быть может, в сложившемся среди критиков убеждении, будто фантастика говорит о чем-то отдаленном, экзотическом, не связанном с насущными делами и заботами текущего дня? А раз так, то и не заслуживает она серьезного разговора между серьезными людьми... [Амусин 1988: 153].

Критиков явно приводило в замешательство неразрешимое (и часто выливавшееся в молчание) несоответствие между тем, что Стругацкие пишут в популярном «массовом» жанре, и — на другом уровне — тем, что они выражают взгляды по крайней мере одного целого поколения советских интеллектуалов. Михаил Лемхин неумышленно ставит вопрос, на который я в своем исследовании пытаюсь дать ответ, когда пишет:

> Боюсь, что не умею этого объяснить, знаю только наверное, что для меня эти три повести — «Трудно быть богом», «Пикник на обочине» и «За миллиард лет до конца света» — не просто вехи

---

[2] Речь идет о раннем восприятии повести Стругацких 1968 года «Улитка на склоне». Необычная структура и сюрреалистические образы повести резко контрастировали с предыдущими, более традиционными циклами об истории будущего, что послужило поводом для множества противоречивых толкований ее двух миров — «Леса» и «Управления». В действительности большинство стандартных для Стругацких тем и структурных оппозиций остаются неизменными и в «Улитке на склоне», что будет подробно рассматриваться в четвертой главе.

моей жизни, а целые куски жизни, прожитые под знаком этих повестей.

И я точно знаю, что я не один такой читатель.

Собственно, феномен популярности — отдельный, особый разговор, речь сейчас о другом. О том, что вопросы, волновавшие Стругацких, были одновременно не только их вопросами. Эволюция Стругацких, их самоощущение в мире — довольно типичны для значительной части гуманитарной и особенно технической интеллигенции. Именно поэтому Стругацкие, без сомнения, входят в число самых читаемых авторов... [Лемхин 1986: 92].

Чтобы определить природу соотношения между использованием Стругацкими популярных жанровых форм и их ролью «серьезных писателей» для интеллигенции, я изучаю в этой книге два вопроса:

— Какие методы используют авторы, дабы в шаблонных структурах научно-фантастической, детективной и приключенческой литературы закодировать бесконечно продолжающуюся философскую дискуссию или социополитические споры?

— Как традиционные для популярных жанров сюжеты, персонажи и пространства стали современными мифами для интеллигенции, жившей «под знаком этих повестей»?

Ранние публикации

Первый рассказ («Извне») Стругацкие опубликовали в 1958 году, за ним последовал ряд повестей и рассказов в жанре научной фантастики и космических приключений[3]. Повесть «Трудно быть богом» (1964) — первая значительная веха в творчестве Стругацких. Все произведения, написанные до 1964 года, можно отнести к раннему этапу их творчества. На этом этапе ответ на «вопрос, который интересовал» их «всегда... куда мы идем... после XX съез-

---

[3] Три самые первые повести — это «Страна багровых туч» (1959), «Путь на Амальтею» (1960) и «Стажеры» (1962). Рассказы появлялись в 1959–1960 годах в ежемесячных изданиях популярного научного журнала «Знание — сила», после чего часто включались в антологии.

да партии?» — уже представляется очевидным: путь к «светлому коммунистическому будущему», откуда в какой-то момент пришлось сойти из-за сталинизма, вновь лежит перед ними. Действие рассказа «Извне» происходит в абстрактном настоящем, позднее вре́менны́е и пространственные горизонты расширяются в будущее, на другие планеты и галактики, пока к середине XXII века, описанного в повести «Полдень, XXII век» (1962), утопический коммунизм не воцаряется на Земле. Особенность идиллического мира будущего Стругацких состоит в том, что в нем сочетаются две крайности традиционной русской утопической мысли: идея пасторального счастья в простой гармонии с природой скрыта в описании зеленых городов-садов и в детском любопытстве, а не в фаустовской гордости ученых — героев рассказов. С другой стороны, в XXII веке Стругацких также воплощается утопическая мечта об искусственно созданном изобилии и безграничных возможностях человеческих технологий. Неприхотливый гибридный скот с нежнейшим, белым, как у краба, мясом, экологичные мгновенные способы транспортировки и эфемерные заботы персонажей о том, что делать с избытком времени и предметов роскоши, — характерные черты этого ви́дения.

Хотя в их ранних повестях и рассказах основной драматический конфликт происходит «между хорошим и лучшим», авторы населили свой мир будущего неожиданными чудаковатыми и забавными персонажами. Кроме того, даже в их самых первых работах по утопической истории будущего пространство и диалог не менее злободневны и правдоподобны, чем в современной им реалистической прозе[4]. Повести и рассказы этого этапа

---

[4] Самым значительным и близким по времени предшественником Стругацких в жанре научной фантастики был И. А. Ефремов, почти в одиночку возродивший жанр, который в 1934–1954 годах, в эпоху гегемонии «высокого» социалистического реализма, почти не выходил за безопасные границы тем человека-побеждающего-природу и/или врагов-империалистов. Ключ к изначальному успеху Стругацких и суть их отхода от того, что делал Ефремов, состоят в их «реалистичном» стиле, так отличающемся от высокопарности неоклассических героев будущего «Туманности Андромеды» (1956) Ефремова. У мира будущего Стругацких «обжитой» вид.

творчества Стругацких не связаны с основными темами данного исследования. Это в целом прямолинейные произведения научной фантастики о жизни в будущем, отражающие общие оптимистичные идеалы поколения оттепели. Полная гармония между социальной утопией и непрерывным научным прогрессом впервые ставится под угрозу в «Далекой Радуге», действие которой разворачивается где-то в XXIII веке. Ряд физических экспериментов в идиллической научно-исследовательской колонии на планете Радуга вызывает приливную волну материи / энергии, которой ученые не могут управлять. Бо́льшая часть планеты эвакуирована, но вынужденные остаться ученые с тихим героизмом и чистой совестью ожидают гибели от неотвратимой черной волны.

Около половины написанного в 1960-х годах относится к серии книг об истории будущего, слабо связанных между собою. Несколько стереотипных персонажей и футуристические приспособления (например, кабины для мгновенного перемещения) кочуют из одного произведения в другое. Основные предпосылки самых ранних из них всё те же: некий международный мировой коммунизм (уже не обязательно идиллический) царит на Земле, а звезды и планеты в нашей Галактике, а также на «периферии» (за пределами нашей Галактики) активно исследуются и/или колонизируются. Другая особенность всех романов об истории будущего — понятие «прогрессорства». Прогрессоры — миссионеры с Земли, вооруженные знаниями и технологиями человечества XXI века, — стараются помочь менее развитым обществам на других планетах. Во всех романах этой серии присутствует тема прогрессорства, и большинство имеет аллегорическую форму: сюжет с прогрессорами развивается по определенной модели, в которой разница между более или менее развитыми в социальном, политическом и экологическом плане обществами просто переносится в межпланетное пространство.

Повесть 1964 года «Трудно быть богом» знаменует поворотный момент в цикле об истории будущего и в становлении Стругацких как писателей. И в наши дни «Трудно быть богом» остается одним из самых популярных произведений научной фантастики, опубликованных в Советском Союзе. В нем прогрессоры с Земли XXI века, где создано почти утопическое государство, намереваются провести феодальное общество государства Арканар на далекой планете по пути исторического прогресса. Герой-землянин успешно выдает себя за местного дворянина, внешне он до мельчайших деталей приспособился к жизни в Арканаре (смесь средневековых Европы и Японии), у него даже есть местная девушка. Но вместо того чтобы следовать по запланированному историческому пути медленного линейного прогресса, общество Арканара стараниями невежественного и грубого народа повернуло в сторону фашистской диктатуры с некоторыми характерными признаками сталинизма (Дарко Сувин перечисляет среди них «заговор врачей», сфабрикованные признания, переписывание истории для прославления актуального правителя)[5]. Земные «боги», могущественные в теории, не могут покончить с нищетой и кровопролитием в Арканаре, не прибегая к насильственному вмешательству. Они бессильны что-то сделать, не спровоцировав революцию и не установив новую диктатуру, что противоречит гуманистическим принципам землян. Герой сталкивается с острой этической дилеммой, когда принцип невмешательства заставляет его бездействовать, глядя, как уничтожают лучшие умы планеты и убивают его арканарскую возлюбленную. Впервые в творчестве Стругацких пути истории и этических идеалов заметно расходятся. Другими словами, область этического и духовного в человеческом существовании неожиданно оказывается в противоречии с областью социополитической. С этого момента «кесарево» и «Богово» противопоставляются окончательно и бесповоротно.

---

[5] Дарко Сувин в своем предисловии к английскому переводу «Улитки на склоне» [Suvin 1980] делает краткий, но содержательный обзор творчества Стругацких до 1968 года. Повесть «Трудно быть богом» опубликована отдельно DAW Books, Inc. (Нью-Йорк, 1973).

Последующие произведения об истории будущего и отдельные тексты, написанные в конце 1960-х, в 1970-х и 1980-х годах, рисуют всё более пессимистичную картину этического и морального застоя, где так называемый вертикальный прогресс истории скорее похож на абсурдный водоворот, устремленный в апокалиптическую бездну. Не разграничивая средний и поздний этапы, мы можем просто говорить об этих произведениях как о «зрелом» творчестве авторов. При разделении текстов на «средние» и «поздние» нельзя опираться на хронологию, поскольку большинство «поздних» произведений, впервые напечатанных только после того, как либеральная политика эпохи гласности вступила в силу, на самом деле были написаны в начале 1970-х годов.

«Обитаемый остров» (1969), «Жук в муравейнике» (1979) и «Волны гасят ветер» (1985) составляют трилогию, завершающую всю серию истории будущего («прогрессорства»). Как отметил Патрик Магуайр в своем политическом анализе цикла истории будущего, к концу серии облик международного коммунизма на Земле коренным образом меняется. В двух последних романах Максим Каммерер, бывший прогрессор, герой «Обитаемого острова», теперь работает в Отделе чрезвычайных происшествий, подчиняющемся могущественной Комиссии по контролю. Сочетание сокращений двух организаций составляет анаграмму для знаменитой ЧК, советской тайной полиции и предшественницы КГБ. В общем,

> «Жук» отрицает предшествующие произведения или во многом расходится с ними по духу. КОМКОН... не что иное, как орган государственного принуждения, причем сотрудники его — бывшие тайные агенты, привыкшие работать вне рамок закона. Затем мы внезапно осознаём, что общество будущего Стругацких одержимо секретностью, хотя ему никто не угрожает извне, кроме гипотетической сверхтехнологичной [чужой] цивилизации Странников. Единственная цель этой секретности — скрыть информацию от народа, народа, который [предположительно] живет при полном коммунизме уже два с половиной века! [McGuire 1982: 121].

В конечном итоге в романе «Волны гасят ветер» общий сюжетный мотив прогрессорства заходит в тупик. К 2299 году не только земное общество, по всей видимости, отвергает своих бывших героев, но и сами бывшие прогрессоры отрекаются от собственного призвания:

> — Добро всегда добро! — сказала Ася с напором.
> — Ты прекрасно знаешь, что это не так! Или, может быть, на самом деле не знаешь? Но ведь я объяснял тебе. Я был Прогрессором всего три года, я нес добро, только добро, ничего, кроме добра, и, господи, как же они ненавидели меня, эти люди! И они были в своем праве. Потому что боги пришли, не спрашивая разрешения. Никто их не звал, а они вперлись и принялись творить добро. То самое добро, которое всегда добро... [Стругацкие 2000–2003, 8: 631].

В свете философского контекста, лежащего в основе конструкции романа (ее мы рассматриваем во второй главе), становится ясно: отказ от мысли, что «добро всегда добро», приводит к разработке неортодоксальной идеи, согласно которой зло, словами Мефистофеля И. В. Гёте, «та сила, что без числа творит добро, всему желая зла». Кроме того, очевидно: за 22 года, разделяющие повесть «Трудно быть богом» и роман «Волны гасят ветер», стиль и структура жанра претерпели эволюцию. Несмотря на двусмысленность названия, у повести «Трудно быть богом» нет религиозного подтекста. В ней прямолинейная форма приключенческой / исторической прозы оказывается очень удачно приспособлена к иносказательности научной фантастики. Это «просветительский роман», поскольку приключения героя и социополитическое пространство, где происходит действие, вполне сопоставимы с историческими или современными обстоятельствами в эмпирическом мире. В своей повести 1964 года авторы почти не использовали межтекстовых аллюзий, пейзажных подтекстов или префигуративных мотивов, ставших неотъемлемой частью стилистики и структуры их зрелых произведений, которые будут рассматриваться в следующих главах.

Поздние публикации

Чтобы проще было говорить о поздних и не переведенных на английский произведениях Стругацких, следует пролить свет на несколько запутанную историю их публикации. Упорные бои между бескомпромиссными консервативными критиками и критиками доброжелательными, либеральными (многие из них впоследствии эмигрировали в Израиль, подтвердив наихудшие подозрения первых), по поводу написанного Стругацкими в конце 1960-х завершились шатким перемирием, длившимся до наступления эпохи гласности в 1986 году. На протяжении примерно 18 лет некоторые произведения Стругацких публиковались тиражами, не удовлетворявшими спрос, а другие не публиковались вовсе. Хотя из-за несанкционированного русского издания и перевода «Гадких лебедей» на Западе в 1972 году разгорелся скандал, мало кто знал, что это только половина большого романа «Хромая судьба», над коим работали Стругацкие (закончен в 1984-м, напечатан в сокращенной версии в 1986-м). В «Хромой судьбе» рассказывается отчасти автобиографичная (на основе воспоминаний Аркадия Стругацкого), отчасти фантастическая история о советском писателе, который верен своим самым сокровенным убеждениям и совести только тогда, когда пишет «в стол» не предназначенный для печати роман — текст «Гадких лебедей». Обе части объединяет тема апокалипсиса. И во внешнем, и во внутреннем повествовании, разворачивающихся в разных пространствах, демонстрируется существующая цивилизация с отжившими свое ценностями и структурой и готовая прийти ей на смену новая цивилизация, чей облик оказывается, хорошо это или плохо, совершенно чужим.

Самой большой неожиданностью стало появление в 1988–1989 годах в журнале «Нева» полной версии романа «Град обреченный». Роман появился на гребне новой волны гласности и перестройки — в нем описывается, как враждуют между собой (в «бесклассовом» обществе!) городские и сельские трудящиеся, чиновники и правящая верхушка; как в кризисные времена ополчаются друг против друга разные расовые и этнические группы; как приходят в катастрофический упадок культурные и лингвистические нормы; как фашистская коалиция успешно совершает переворот и удерживается у власти над многонациональным городом благодаря предполагаемому существованию враждебного Антигорода. Статуя, одновременно похожая и на Петра Великого, и на Ленина у Финляндского вокзала, бессмысленно стоит на перекрестке дорог в аду. Китайский диссидент кончает жизнь самоубийством, взрывая себя в знак протеста против тоталитарного режима. Весной 1989-го ни одна из этих сцен не казалась случайной. Поэтому временны́е рамки написания романа очень важны, и авторы добавили их в качестве *заключения* к самой истории: *написано в 1970–1972, 1975 годах*.

Последний полноценный роман Стругацких, «Отягощенные злом, или Сорок лет спустя», был напечатан в журнале «Юность» в 1988-м. Структурная и философская многоплановость этого произведения затрудняет его истолкование. Фактически это роман о трех Христах: историческом Иисусе, Его современном аналоге в лице свободного от предрассудков и увлеченного своим делом учителя средней школы и Демиурге, воплощении гностического представления о Спасителе. Рассказ ведется из будущего: «сорок лет спустя» после окончания XX века. Главный герой, последователь учителя, вставляет в его жизнеописание главы из таинственной рукописи, написанной секретарем Демиурга в период его деятельности в провинциальном советском городке Ташлинске. Рукопись, помещенная внутрь романа, особенно интересна неканоническими версиями исламской истории, еврейской истории и даже истории сталинизма. На его современных уровнях также показаны лидеры нашей эпохи со своими учениками, замаскированные под советские молодежные субкультуры (хиппи и панки).

Согласно исчерпывающему библиографическому указателю, подготовленному независимой группой поклонников творчества

Стругацких, отрывки и варианты «Хромой судьбы» и «Града обреченного» появились в областных журналах еще до того, как их опубликовали целиком в ведущих толстых журналах. Более того, и «Отягощенных злом», и два предыдущих неопубликованных романа сразу напечатали полностью в виде книги и в государственных, и в маленьких кооперативных издательствах. Многотомное собрание избранных произведений Стругацких сейчас готовится частной издательской компанией «Текст»[6].

---

[6] Указанное издание, на момент написания книги готовившееся к печати (10 основных томов и два дополнительных), выходило в 1991–1995 годах. В 2000–2003 годах издательствами «Сталкер» (Донецк) и Terra Fantastica издательского дома Corvus (Санкт-Петербург) выпущено еще одно, более полное собрание сочинений Стругацких — 11 основных томов и один дополнительный. Все цитаты из произведений Стругацких приводятся здесь по этому второму собранию сочинений, если особо не оговорено иное. — *Примеч. ред.*

Глава первая
Апокалиптический реализм

Жанр

Международная репутация Стругацких сложилась благодаря их раннему дебюту в качестве научных фантастов. Критикам, следившим за развитием Стругацких в 1960-х и 1970-х годах, приходилось по-разному модифицировать стандартное определение, стараясь так или иначе уместить разноплановые творения Стругацких в рамки научно-фантастического жанра. В зависимости от рассматриваемого романа речь могла идти о «философской фантастике», «социополитической сатире», «сказке-перевертыше» [Csicsery-Ronay 1986] или, как предложили сами авторы, о «реалистической фантастике». Ни одно из этих определений не исключает других и не вызывает возражений. Просто их, за исключением последнего, невозможно использовать для решения поставленной задачи: однозначно поместить зрелые произведения Стругацких в тот контекст, в котором их читают на родине.

Изнутри, в мире авторов и читающих их соотечественников, произведения Стругацких можно воспринимать как еще одно явление в знаменитом ряду русских «реализмов». Возможно, русская литература более, чем любая другая современная литература, в течение полутора веков стремилась найти себя сквозь призму «реализма». В Ф. М. Достоевском и Л. Н. Толстом она видела «золотой век русского реализма». Более того, она не раз порождала «психологический реализм», «критический реализм», (советский) «социалистический реализм» и, с другой стороны, мистические откровения, иначе — «сквозящий реализм»[1]. Мне представляется, что для современного анализа творчества Стругацких правильнее называть их творчество «апокалиптическим реализмом», а не научной фантастикой.

В основном зрелое творчество Стругацких складывалось как отклик на апокалиптическую литературу Серебряного века и утопическую литературу авангарда 1920-х годов. Серебряный век русской литературы приблизительно охватывал последнее десятилетие XIX века и первые два десятилетия XX. Закат царской России и становление нового общественного порядка совпали с поразительным расцветом русского модернизма во всех видах искусства. В сравнительно короткий период художественного брожения крайнее новаторство в музыке (двенадцатизвучие И. Ф. Стравинского) и в визуальных искусствах (В. В. Кандинский, М. З. Шагал, К. С. Малевич) совпало со взлетом и падением богатой символистской поэтической традиции, за которой, в свою очередь, последовали поэтические движения акмеизма и футуризма. В прозе Андрей Белый, Федор Сологуб, Валерий Брюсов (перечислю только немногих) создали шедевры модернистской художественной литературы. Если Серебряный век стал свидетелем конца эпохи, то в последовавшее за революцией десятилетие люди искусства попытались осмыслить новую эру, рожденную в катастрофических событиях 1917–1921 годов (большевистской революции и Гражданской войны). До утверждения в 1930-х социалистического реализма как единственного дозволенного течения литература воспроизводила в своей тематике и художественных образах апокалиптическую и утопическую лихорадку, сопровождавшую рождение нового, Советского государства.

К концу жизни русский философ и религиозный мыслитель Николай Бердяев обобщил свое понимание сущности русского национального характера в книге под названием «Русская идея»

---

[1] Даниил Андреев в «Розе Мира» говорит о произведениях русских символистов начала века как об образцах «сквозящего реализма», где символические образы позволяют реальности (в понимании Андреева) «сквозить» в наш мир, как свет пробивается через приоткрытую щель двери.

[Бердяев 1946]². Он утверждал, что русские — либо апокалиптики, либо нигилисты; то есть «русская идея» есть эсхатологическая идея: она обращена к концу, и отсюда русский максимализм. Такие обобщения важны, поскольку отражают мифологизированное восприятие обществом самого себя, часто превращающееся в самоисполняющееся пророчество. По крайней мере со времен Петра I русские интеллектуалы занимались определением собственного национального самосознания в стране, находящейся на перепутье между Востоком и Западом, между старым и новым, анархией и авторитаризмом, православием и сциентизмом. Бинарные оппозиции, через которые самоопределяется Россия, всегда имели однозначно религиозный характер: в зависимости от ориентации тот или иной из полюсов любой данной оппозиции приравнивается к Антихристу, а другой — ко всеобщему спасению. (Например, решение Петра Великого повернуть Россию в сторону Запада уверило его противников в том, что наступило царство Антихриста; аналогичным образом и сегодня многие связывают переход России к рыночной экономике с отклонением от пути православия и спасения.) Соответственно, большевистская революция 1917 года была воспринята как последнее в истории столкновение всех оппозиций, и марксизм-ленинизм, как и все настоящие религиозные движения, обещал начало новой утопической эпохи всеобщего братства (коммунизма в «светлом будущем»).

«Русская идея» (экстремистская и эсхатологическая) сохраняет свою важность для современной русской литературы, продолжая жить и влиять на научную, религиозную и политическую культуру, несмотря на то что утопические заявления периода революции давно превратились в остроты и язвительные шутки. Другой взгляд на эту ситуацию выражает структуралистская модель культурной истории Ю. М. Лотмана и Б. А. Успенского:

---

² Н. А. Бердяев (1874–1948) эмигрировал из России в 1922 году. Сочинения Бердяева по философии религии, этике и истории, основанные на его концепции свободы и человеческой личности, переживают новую волну популярности в России в эпоху постгласности.

> Загробный мир католического западного христианства разделен на три пространства: рай, чистилище, ад. Соответственно, земная жизнь мыслится как допускающая три типа поведения: безусловно грешное, безусловно святое и нейтральное, допускающее загробное спасение после некоторого очистительного испытания. Тем самым в реальной жизни западного Средневековья оказывается возможной широкая полоса нейтрального поведения, нейтральных общественных институтов, которые не являются ни «святыми», ни «грешными», ни «государственными», ни «антигосударственными», ни хорошими, ни плохими. <...> Система русского Средневековья строилась на подчеркнутой дуальности. Если продолжить наш пример, то ей было свойственно членение загробного мира на рай и ад. Промежуточных нейтральных сфер не предусматривалось. <...> Дуальность и отсутствие нейтральной аксиологической сферы приводили к тому, что новое мыслилось не как продолжение, а как эсхатологическая смена всего [Лотман, Успенский 1996: 339–340].

Структуралистская схема Лотмана и Успенского предполагает явно дуальную структуру взаимоотношения художественной литературы и русских культурных мифов о русском национальном самосознании. Очевидно, что условная дуальная структура научной фантастики может выстроить оппозиции святого / грешного, старого / нового, Востока / Запада, хаоса / космоса внутри собственных пространственных, временны́х и этических формул: Земля против открытого космоса, настоящее против будущего, человеческое против чужого, инопланетного. Если это так, то Стругацкие вполне могли использовать парадигму научной фантастики для переосмысления философского, религиозного и культурного наследия периода русского модернизма.

Самую базовую внутреннюю структуру всех зрелых произведений Стругацких можно свести к двум осям, предложенным в обобщении выше, и началом отсчета для упомянутых воображаемых осей будет служить социополитическое событие — революция и основание Советского государства. Этот момент долженствовал разделить историю на два периода: старый, вырождающийся мир эксплуататоров должен был превратиться в новый, пролетарский рай. Стругацкие не меняют направление вектора, утверждая, что старый мир лучше нового; они просто описывают современную повседневную жизнь в Советском Союзе как чудовищно банальную, погрязшую в бюрократии, несовершенную и духовно изжившую себя. Этот уровень их прозы всегда узнаваем, независимо от того, разворачивается ли действие явным образом в современном Советском Союзе (например, в Ленинграде повести «За миллиард лет до конца света», в Москве «Хромой судьбы» или в вымышленном Ташлинске «Отягощенных злом») или в каком-то другом, более абстрактном месте (на другой планете, в абстрактном времени / пространстве). Иными словами, характерная особенность научной фантастики Стругацких — использование специфических, узнаваемых, повседневных деталей, из которых складывается пространство действия. Точно так же персонажи не случайно изъясняются на разговорном языке и ведут себя очень по-современному, поэтому читателю проще узнать в них типажи из своего окружения, чем отнести их к воображаемым будущим или внеземным культурам. Предположим, что горизонтальная ось описания охватывает все многообразие обычного существования современного советского гражданина. Ее по праву следует называть осью быта. «Быт» — непереводимый русский термин, означающий в общем и целом унылую, привычную, безысходную тоску, присущую физической реальности повседневной жизни. Длинные очереди — часть быта. Простейшие приборы, которые не работают, — часть быта. Партия ткани неприятного, уродливого темно-оранжевого цвета, задающая на пять лет вперед тон всех имеющихся в наличии занавесок и мягкой мебели, — часть быта. Очевидно, что в основном ирония Стругацких направлена на плачевные обстоятельства жизни в «новом золотом веке». Если революция протрубила о конце истории, то за ним наступило не Царствие Небесное, а нелепая на него пародия — современный быт.

Но точку отсчета — русскую революцию — пересекает еще одна, вертикальная ось. Эту ось лучше всего воспринимать как непрерывный континуум культурной памяти, то есть последовательность литературных стилей, философских течений, исторических событий и религиозных споров, запрещенных правящим режимом и во многом забытых при жизни Стругацких, которая воссоздается заново с помощью частых символических или межтекстовых аллюзий. По мере подготовки данного исследования мне становилось все более очевидно, что в значительной степени смыслы и образы «будущих» или «чужих» миров Стругацких взяты из литературного и философского / религиозного наследия русского Серебряного века и послереволюционного авангарда. Межтекстовые отсылки к М. А. Булгакову, А. Белому, А. П. Платонову и русским авангардистам (поэтам-обэриутам) отражают сознательное стремление авторов откликнуться на тему апокалипсиса, присутствовавшую в русской литературе до и непосредственно после революции. Более того, Стругацкие, как и их предшественники в Серебряном веке и 1920-х годах, пытаются пересмотреть значимость иудеохристианской апокалиптической мысли для современной русской жизни, внося в свой фантастический мир образы из гностических и манихейских ересей, космологии Данте и, конечно, библейского Откровения.

Сочетание аллюзий на Маргариту Булгакова и Божественную Софию, «Петербург» Белого и манихейский дуализм, «Котлован» Платонова и «Ад» Данте также наводит на мысль о влиянии на научную фантастику Стругацких — начиная с 1970-х — Владимира Соловьева и Николая Федорова. В принципе и эсхатология Соловьева, и эсхатология Федорова строились на откровенно русской интерпретации значения христианства. Федоров, в частности, стремился к великому синтезу научного рационализма и мистического идеализма. Долго находившееся под запретом учение Федорова после оттепели заново обрело популярность среди русской интеллигенции. В сочинениях Стругацких, написанных на гребне волны этого интереса, элементы федоровского утопизма угадываются в том, как изображается «чужой разум». Не всегда возможно — и не всегда действительно необходимо — точно установить источник того или иного мотива для конкретного текста, особенно в такой период, когда некоторые идеи «витают в воздухе» и свободно используются во множестве разных контекстов. Это особенно верно, если говорить об элементах учения гностиков, появляющихся и у Федорова, и в романах Белого и Булгакова, но Стругацкие также могли почерпнуть их и из других источников. В любом случае они одними из первых среди русских писателей послевоенного времени вернули это важное направление русской культуры из небытия и придали ему новую литературную форму.

Короче говоря, фантастические образы поздних произведений Стругацких взяты не из мира кибернетических высоких технологий и не из мира волшебных сказок. Вероятнее всего, Стругацкие заимствовали их и из метафизических систем раннехристианских ересей и космологического дуализма, и из русских модернистских движений начала XX века, включавших в себя эти системы. Поэтому их фантастика столь отличается от научной фантастики Станислава Лема или — в качестве другой крайности — от христианской фантастики К. С. Льюиса. Отличается она и от так называемого магического реализма латиноамериканской школы.

Какими именно приемами характеризуется «апокалиптический реализм» Стругацких? Прежде чем перейти к рассмотрению каждого из поздних произведений в отдельности, необходимо взглянуть, как предложенные нами воображаемые оси — ось быта и ось культурной памяти — пересекаются на уровнях сюжета, пространства и системы образов.

Сюжет

Стругацкие начали усложнять свою прозу в том числе и тем, что стали вводить в нее как элементы сюжета интересовавшие их метафизические, философские вопросы. Сознательно или нет, авторы создали форму, которая позволяла внетекстовому или межтекстовому материалу по-настоящему воздействовать на события и предопределять их ход в, казалось бы, чисто развлекательном, динамичном произведении. Благодаря этому научно-фантастический, детективный или приключенческий сюжет уже не просто нес в себе аллегорический смысл, скорее он сам неким образом формировался и прогнозировался под влиянием скрытой философской программы.

В 1980-х годах в творчестве Стругацких появляется особый литературный прием — *префигурация сюжета*. Термин «префигурация» изначально возник при переводе латинского слова *figura*, использовавшегося для описания системы, где «люди и события Ветхого Завета выступали префигурациями (прообразами) Нового Завета и его истории спасения» [Auerbach 1959: 30]. В секуляризованном смысле термин включает намного более широкий круг моделей для прогнозирования: классический миф, шекспировская пьеса или комикс о Супермене используются как мотив, который становится прообразом и тем самым прогнозирует множеством различных способов сюжет самостоятельного литературного произведения.

В исследовании, посвященном префигурации сюжета, Дж. Дж. Уайт рассматривает ее как часть современной «риторики художественной литературы», возникшей в XX веке параллельно с развитием теоретических (и вошедших в моду) ограничений на использование прямых авторских пояснений в романе[3]. Если автор использует хорошо известный мотив для моделирования и прогнозирования современного сюжета, то любые отклонения, изменения или дополнения базовой модели по природе своей значимы. Более того, как только читатель обнаружит зарождение узнаваемой системы аллюзий, у него появятся предположения по поводу того, что будет происходить по мере развития сюжета, если следовать мотиву префигурации. В этом отношении место и контекст, в которых встречаются элементы данного мотива, важнее, чем их частотность. Для всех написанных в таком стиле произведений Стругацких можно доказать, что редкость и несущественность префигуративных мотивов уравновешиваются их возникновением в решающие моменты сюжета и их соотнесенностью с основополагающими философскими темами романов.

---

[3] Теоретический анализ префигурации в литературе дан по [White 1971; Ziolkowski 1972].

Другими словами, префигуративный мотив не играет роли структурного каркаса, оживляемого содержанием современного сюжета: например, персонаж, префигурацией жизни которого является жизнь Христа, не обязан действовать как *imitatio Christi*. Скорее, прообраз используется в качестве средства дать символическое пояснение относительно ряда героев и событий: он предлагает знакомую аналогию, чтобы помочь читателю понять текущую (или будущую) ситуацию, описанную в романе.

Стругацкие, видимо, считали особенно полезным использовать литературную префигурацию в своей серии романов из истории будущего. Это неудивительно, поскольку в данной серии сюжет каждого последующего романа уже в чем-то обусловлен сюжетом предыдущего, и один из способов позволить старому сюжету приобрести новое значение — совместить его с префигуративной моделью. «Жук в муравейнике» и «Волны гасят ветер», последние два романа из трилогии об истории будущего, были написаны через десять и 16 лет после первой части цикла. Очевидно, что Стругацкие хотели развить популярный приключенческий сюжет первой повести, но метафизические и научные вопросы, волновавшие их в тот момент, нашли отражение на втором уровне смысла, привнесенном префигуративным мотивом.

В другом примере префигурации сюжета — на сей раз из «Отягощенных злом» — туманность префигуративного текста кардинально меняет роль этого приема. Вместо того чтобы узнавать и предугадывать ход сюжета, читатель в поисках исторической основы того или иного эпизода вынужден обращаться к энциклопедии. Однако во всех трех префигуративных текстах присутствует лжепророк — основополагающая фигура во времена надвигающегося апокалипсиса.

Пространство действия

Использование Стругацкими пространства действия как *топографического воплощения идей* — уникальный и чрезвычайно важный прием, позволяющий им связать реалистический и фантастический слои повествования. В советской массовой литературе 1970–80-х годов прослеживалась тенденция к подробному описанию обыденных сторон повседневной жизни. И если все, кроме признанной властями литературной номенклатуры, — от эмигрантов и диссидентов, таких как В. П. Аксенов, А. Д. Синявский и Юз Алешковский, до посредственных научных фантастов, пишущих на заказ, — создавали фантастические и фантасмагорические произведения, то представители официальной прозы 1970-х годов по большей части избегали элементов фантастического и гротескного. Социалистический реализм, казалось, уступил дорогу более критическому и сдержанному «городскому реализму». Эта тенденция отчасти изменилась в 1981 году — со смертью самого выдающегося «городского прозаика» Юрия Трифонова и публикацией романа Чингиза Айтматова «И дольше века длится день» [1980], про который говорили, что он привносит элементы научной фантастики в официальную литературу. Стругацкие развивались в противоположном направлении.

Начиная с повести 1976 года «За миллиард лет до конца света», Стругацкие отказываются от абстрактной обстановки или межгалактического пространства, чтобы сосредоточиться на «здесь и сейчас». Однако современное, повседневное пространство советского быта используется ими как символическое хранилище литературных и культурных аллюзий. Хитрость состоит в том, чтобы создать двойное ви́дение современной эпохи: за «реалистическим» описанием повседневной советской жизни открывается банальный и бездуховный ландшафт, а символические мотивы внутри этого ландшафта указывают на его истинное расположение где-то на поле боя между Христом и Антихристом (причем Антихрист на какой-то период успешно основал свое антицарство!). Из интереснейшего исследования Ф. А. Йейтс «Искусство памяти» [Йейтс 1997], затрагивающего Античность, Средневековье и эпоху Просвещения, можно извлечь теоретический контекст, крайне полезный для анализа необычных отношений между пространством и темой в научной фантастике Стругацких.

В классическом мире до изобретения печатного станка способность хранить в определенном порядке большой или сложный набор информации была крайне важна для любой интеллектуальной деятельности. Искусный оратор произносил длинные речи, не пользуясь заметками; юрист в Древней Греции или Риме держал одновременно в голове бесчисленное количество фактов о деле; блаженный Августин рассказывал о своем друге, который мог декламировать Вергилия, произнося строки задом наперед [Йейтс 1997: 30]. Не будем сейчас задаваться вопросом, зачем кому-то декламировать Вергилия задом наперед, а постараемся понять, какие мнемотехнические приемы использовали древние, стремясь добиться чудесной «искусной памяти».

Считалось, что можно значительно улучшить и расширить возможности естественной памяти, прикрепив образ вещи, которую требуется запомнить, к определенному месту. Например, образ оружия напоминает о фрагменте текста, связанном с военным делом; якорь напоминает говорящему об отрывке, связанном с морским делом. Оружие, якорь и прочие образы, которых столько же, сколько мыслей в тексте, «располагаются» в уме говорящего как ряд хорошо известных мест следующим образом:

> Общие принципы мнемоники усвоить нетрудно. Первым шагом было запечатление в памяти ряда мест (loci). Наиболее распространенным, хотя и не единственным, применявшимся в системах мнемонических мест, был архитектурный тип. Яснее всего этот прием изложен в описании Квинтилиана. Для того чтобы сформировать в памяти ряд мест, говорит он, нужно вспомнить какое-нибудь здание, по возможности более просторное и состоящее из самых разнообразных помещений — передней, гостиной, спален и кабинетов, — не проходя также мимо статуй и других деталей, которыми они украшены. Образы, которые будут помогать нам вспоминать речь, — в качестве примера таких образов, говорит Квинтилиан, можно привести якорь или меч, — располагаются затем в воображении по местам здания, которые были запечатлены в памяти. Теперь, как только потребуется оживить память о фактах, следует посетить по очереди все эти места и востребовать у их храни-

телей то, что было в них помещено. Нам следует представить себе этого античного оратора мысленно обходящим выбранное им для запоминания здание, пока он произносит свою речь, извлекая из запечатленных мест образы, которые он в них расположил. Этот метод гарантирует, что все фрагменты речи будут воспроизведены по памяти в правильном порядке, поскольку этот порядок фиксируется последовательностью мест внутри здания [Йейтс 1997: 14].

При таком базовом методе могут использоваться и вымышленные, а не действительные *loci*. Достаточно вызвать в воображении внутренний или внешний вид пространства с великолепной и ни с чем не сравнимой системой мест, которая «укрывает» необходимые образы, пока их не потребуется вспомнить.

Весьма интересно, что то, что в классическом мире развивается как средство улучшения риторических навыков, средневековые схоласты переносят в область этики. Одна из четырех добродетелей — благоразумие — состоит из трех частей: *память, понятливость, предусмотрительность*. Так, совершенствование искусной памяти в Средние века стало частью упражнений в благоразумии [Йейтс 1997: 36]. Но когда в авторитарной культуре Средних веков смолкли голоса ораторов, искусство памяти стало ненужным для риторики и быстро забылось. Просьба Карла Великого к Алкуину приехать во Францию, чтобы восстановить античную систему образования, звучит сейчас как отголосок современной потребности восстановить утраченную и искаженную культурную память:

> Карл Великий. Итак, что же вы скажете о памяти, которая, как я полагаю, является благороднейшей частью риторики?
> Алкуин. Как же, в самом деле, сказать, если не словами Марка Туллия, что «память есть сокровищница всех вещей, и если она не служит хранилищем всех продуманных вещей и слов, то мы уверены, что все прочие части ораторского искусства, как бы отчетливо они ни были определены, не приведут ни к чему».
> Карл Великий. Не существуют ли другие наставления, которые поведали бы нам о том, как ее можно сохранить или приумножить?

А л к у и н. На этот счет нет других наставлений, помимо известных: упражняйте ее в запоминании, тренируйте в письме, применяйте в своих занятиях и избегайте пьянства, которое приносит самый великий вред всякому добродетельному занятию [Йейтс 1997: 71–72].

Одна из постоянных тем во всех зрелых произведениях Стругацких — катастрофическая утрата культурной памяти, произошедшая в Советском Союзе при их жизни. В трактовке Стругацких сам жанр научной фантастики подчинен этой теме, поскольку культура, не помнящая своего прошлого, не может также и «помнить» своего будущего. Неэкстраполяционная научная фантастика Стругацких основывается на представлении о том, что быстрая потеря культурной памяти приблизила наступление будущего, которое в действительности уже слилось с настоящим. Стилистический результат этого объединения настоящего с невообразимым и невоображенным будущим заметнее всего обнаруживается в описании пространства.

Как мы увидим подробнее, *loci* и образы в пространстве действия у Стругацких заставляют вспомнить длинный и сложный подтекст — западное культурное наследие русской интеллигенции. Пространство во всех произведениях, рассматриваемых в этой главе, намеренно — вплоть до стилистического дидактизма — устроено в виде вымышленных «комнат» или «пейзажей», загроможденных полузнакомыми «образами», представляющими понятия или тексты, о которых авторы хотят напомнить читателю. Простейшее и прямое использование этого приема заметно, например, в «Отягощенных злом», где в одной из комнат рассказчика висит картина с подписью «Адольф Шикльгрубер» (настоящее имя Гитлера, согласно расхожему утверждению). Сам Гитлер как таковой не упоминается в тексте и не связан с сюжетом, но ощущается его идеологическое присутствие. В «Граде обреченном» каждый день, возвращаясь домой на окраину города, главный герой проходит мимо роющих котлован рабочих. В этот момент читатель должен мысленно «пройти» мимо повести Платонова «Котлован», то есть этот прием заставляет его вспомнить и содержание долго находившейся под запретом гениальной антиутопии Платонова, и ее «место» (значение) в прерванном и искривленном континууме российской интеллектуальной истории. В пространстве романа «Волны гасят ветер», который мы будем рассматривать в следующей главе, в ландшафте отпечатывается текст Откровения Иоанна Богослова. В «Граде обреченном» и «Хромой судьбе» ландшафты и помещения скрывают образы множества разнородных литературных и философских «памятников духа», унаследованных русской интеллигенцией рубежа веков. Более пристальное изучение этого пространства действия крайне важно, поскольку должно точно показать, какая часть русской культурной истории помещена в литературный ландшафт для сохранения и зачем.

Система образов

Как апокалиптические и гностические мотивы, лежащие в основе построения сюжета и помещенные в ландшафт, отражаются на системе образов главных героев? Как меняются со временем отношения между главным героем, человеком, и чужим — нечеловеческим? Изучение системы образов завершает процесс понимания того, почему уникальная в своем роде научная фантастика Стругацких на протяжении целых трех десятилетий так хорошо отвечала нуждам российской интеллигенции. Можно предположить, что интеллигентная читательская аудитория в их героях видела отражение себя самой, и это действительно так. Более того, пользуясь правом фантастики моделировать реальность, авторы предоставили интеллигенции не только отражение — они дали ей некий культурный миф, на который можно было ориентироваться в жизни. Герои Стругацких не просто воплощают вневременные ценности интеллигенции — они переносят эти ценности в экспериментальное будущее или альтернативный мир фантастики, где те отвергаются или утверждаются.

Итак, уже было сказано, что префигуративный сюжет или «нагруженный» смыслом ландшафт могут отослать образованного читателя к широкому разнообразию других текстов, важных для культурной памяти. Обнаруженная им структура подтекстов придает существенную глубину на первый взгляд прямолинейному популярному жанровому формату. Очевидно, что чем больше читатель знает о межтекстовом мире, на который ссылаются Стругацкие, тем больше значение (и дидактическая ценность) романа. Читатель, менее осведомленный о культурном опыте русского / еврейского интеллектуала в Советском Союзе XX века, соответственно и поймет роман: как более или менее самодостаточное, чисто развлекательное чтение. Прежде чем связать эту сторону читательского восприятия с «мифотворчеством» научной фантастики Стругацких, необходимо посмотреть на менее понятные подтексты, влияющие на образ героя и изменяющие его в их поздних произведениях.

Самый ранний «типичный» герой фантастики Стругацких искренне верит в силу разума, особенно в применение его для научного прогресса и образования масс. Но эти благородные герои хрущевского периода не разумные роботы, а поборники нового, более разумного общества — те, кому суждено в итоге достигнуть гуманистических социалистических целей, «временно» преданных культом личности Сталина. Несмотря на утопические социополитические идеалы и безупречный моральный кодекс поведения, неизменно популярные герои ранних Стругацких из повестей «Далекая Радуга» (1964), «Трудно быть богом» (1964) и «Понедельник начинается в субботу» (1965) не обделены ни чувством юмора, ни остроумием, ни милыми странностями.

На самом раннем этапе творчества Стругацких — примерно в первой половине 1960-х годов — их оптимистичные герои-ученые отражают оптимизм научной интеллигенции, обрадованной (вначале) хрущевскими реформами. На следующем этапе, приходящемся примерно на следующее десятилетие, новое знакомство интеллигенции с философией Николая Федорова и оккультными мистическими системами, которыми так восхищались в Серебряном веке, воплощается в образах женщин, детей и чужих (нелюдей), обладающих сверхчеловеческими способностями. Поэтому в четвертой главе мы подробнее рассмотрим примеры литературных и культурных подтекстов, формирующих образ Другого. Поразительнее всего в мире будущего, который олицетворяют герои-чужие, откровенное воплощение антигуманистической, неоплатонической или гностической традиции.

Можно также выделить черты третьего типа героя в зрелых произведениях Стругацких. Альтернативой наивному социалистическому гуманисту и опасному мистическому идеалисту выступает фигура Вечного жида. Вечный жид не питает иллюзий в отношении утопического социализма, но, несмотря на глубокий пессимизм, ему хватает веры (как это ни парадоксально), чтобы отказаться от синтеза научных и мистических решений, предлагаемых «лжепророками». Это фигура бесконечно жизнестойкая, вечно преследуемая, однако вечно сохраняющая чувство юмора и культурную историю.

Глава вторая
Лжепророки

Пестрый Дудочник

«Жук в муравейнике» публиковался частями в конце 1979 и первой половине 1980 года в журнале «Знание — сила». Он продолжает цикл об истории будущего, начатый «Обитаемым островом». Два произведения настолько отличаются по стилю и духу, что их никак нельзя рассматривать вместе[1].

«Жук в муравейнике» состоит из дневниковых записей Максима Каммерера, по-видимому написанных за четыре дня в июне

---

[1] «Обитаемый остров» в переводе на английский язык вышел под названием «Prisoners of Power» (New York: Macmillan, 1977) с предисловием Теодора Стерджена. В этом произведении впервые появляется Максим Каммерер. Прогрессор-новичок, он приземляется на планету, где существует в некотором роде антицивилизация — мир после разрушительной войны, разделенный между враждующими тоталитарными режимами. Он пытается примкнуть к небольшой группе инакомыслящих и помочь им свергнуть власть. Осуществлению его намерений — а также развитию вполне ожидаемой приключенческой истории о хороших и плохих парнях — мешают политические и психологические несоответствия. Неким удивительным образом инакомыслящие оказываются не менее отвратительными интриганами, чем правящая верхушка. Эта повесть — классический пример использования эзопова языка и традиций научной фантастики для того, чтобы отвлечь цензуру от явной критической модели советской политической действительности. Но все равно Стругацким пришлось пойти на уступки цензорам и многое изменить в оригинальном варианте. Полный авторский вариант готовится к выходу в издательстве «Текст». Как иносказательная картина социальных, политических и психологических противоречий в советском обществе на грани упадка в конце 1960-х годов повесть намечает контуры гласности и перестройки еще тогда, когда никто, включая самих авторов, не мог сказать точно, когда те появятся на горизонте.

[21]78 года, и рассказа в рассказе, состоящего из фрагментов отчета, представленного Максиму одним из его бывших сотрудников летом [21]63 года. Во внешнем повествовании речь идет о попытках Максима проследить за этим самым бывшим сотрудником, неким Львом Абалкиным, который нелегально вернулся на Землю после 18 лет профессиональной деятельности на изученных и неизученных планетах Периферии. У непосредственного начальника Максима, главы могущественного земного Комитета по контролю (КОМКОНа), есть основания полагать, что Абалкин — агент-гуманоид (а не человек), внедренный сверхцивилизацией Странников в «муравейник» человечества, для того чтобы провести некий непонятный эксперимент. До разворачивающейся в романе драмы Абалкин считал себя человеком, несправедливо отправленным работать на Периферии. Его незаконное возвращение на Землю теперь говорит о том, что он узнал о своем нечеловеческом происхождении и предположительно античеловеческой миссии. Максим в дневнике описывает, как Комитет в строжайшей тайне пытается выследить и убить Абалкина до того, как подтвердятся его мрачные, но смутные и недоказанные подозрения. Сюжет усложняется тем, что Максим сам пребывает в неведении о причинах такой настойчивой озабоченности местонахождением Абалкина. В «Жуке в муравейнике» внешнее повествование строится по законам шпионского триллера: по мере того как складываются кусочки пазла, напряжение нарастает, достигая кульминации в сцене со стрельбой, показанной в последней записи дневника Максима.

Что касается внутренней истории, то она, будучи самодостаточным произведением научно-фантастического жанра, отделена от поступательного движения сюжета. В ней рассказывается про один день из жизни разведчика на почти полностью покинутой жителями планете Надежда. Отряд разведчиков возглавляет бывший подчиненный Максима — тот самый Лев Абалкин, тогда многообещающий молодой ксенозоопсихолог и первый человек, успешно сотрудничающий с представителем негуманоидной расы. Напарник Абалкина Щекн — представитель расы голованов, обладающих развитой интуицией, умеющих говорить, но вспыльчивых собакообразных. Внутренняя история — отчет очевидца об операции на планете Надежда, написанный рукой Абалкина и сохранившийся в документах Максима. Он состоит из трех эпизодов и служит материалом для седьмой, 13-й и 18-й глав — это примерно четверть романа. В повествовании Максима преподносится *официальная* теория гибели цивилизации на планете Надежда:

> Полтора десятка лет назад Надежда и ее дикая судьба были на Земле притчей во языцех... <...> Теперь считается твердо установленным, что за свое последнее столетие обитатели Надежды потеряли контроль над развитием технологии и практически необратимо нарушили экологическое равновесие. Природа была уничтожена. Отходы промышленности, отходы безумных и отчаянных экспериментов в попытках исправить положение загадили планету до такой степени, что местное человечество, пораженное целым комплексом генетических заболеваний, обречено было на полное одичание и неизбежное вымирание. Генные структуры взбесились на Надежде. <...>
>
> <...> но тут пришли Странники. Впервые, насколько нам известно, они активно вмешались в события чужого мира. Теперь можно считать установленным, что им удалось вывести подавляющее большинство населения Надежды через межпространственные тоннели и, видимо, спасти [Стругацкие 2000–2003, 8: 17].

В отчете Абалкина устами одного из немногих переживших массовое разрушение планеты и эвакуацию излагается совсем другая версия произошедшего:

> Оказывается, во всем виновата раса отвратительных нелюдей, расплодившаяся в недрах планеты. Четыре десятка лет назад эта раса предприняла нашествие на местное человечество. Нашествие началось с невиданной пандемии, которую нелюди обрушили разом на всю планету. <...>
>
> Пандемия свирепствовала три года, после чего нелюди впервые заявили о своем существовании. Они предложили всем правительствам организовать переброску населения «в соседний мир», то есть к себе, в недра земли. Они пообещали, что там, в соседнем мире, пандемия исчезнет сама собой, и тогда

миллионы и миллионы испуганных людей ринулись в специальные колодцы, откуда, разумеется, никто с тех пор так и не вернулся. Так сорок лет тому назад погибла местная цивилизация [Стругацкие 2000–2003, 8: 111].

В официальной теории излагается классический для научной фантастики катастрофический сценарий со сказочным счастливым концом, тогда как рассказ очевидца — это своеобразная недобрая сказка с правдоподобным историческим подтекстом. Дневник Максима датируется 78 годом; судьба планеты Надежда была «животрепещущей темой» за 15 лет до этого, в 63 году; а непосредственное истребление населения происходило 40 лет назад — в 38 году. Значение этих дат в советской истории XX века не может ускользнуть от читателя: 1938-й был годом пика сталинских репрессий; 1963-й был последним годом краткой хрущевской оттепели, когда преступления Сталина обсуждались в открытую; но в 1978-м, при реакционном режиме Л. И. Брежнева, опять стали насаждать некие «устоявшиеся» исторические фальсификации. В романе много каббалистических цифр и имен, которые один эмигрантский критик расшифровал как единый скрытый мотив: «Судьба еврейства <...> рассматривается авторами в свете <...> двух катастроф, из которых одна уже была (нацистская Германия), а другая еще будет (националистическая Россия)» [Каганская 1987: 173]. Сами авторы не были согласны с интерпретацией М. Л. Каганской (личная беседа в 1989 году), наделяющей смыслами имена и даты, которые нужны просто для связности сюжета. Правда может находиться где-то посередине: Стругацкие точно собирались написать нечто большее, чем просто увлекательный шпионский триллер, разворачивающийся в XXII веке, однако их подтекст шире одного только еврейского вопроса, и ключ к социополитическим измерениям романа следует искать как в структуре сюжета, так и в символических датах.

Персонажи, образность и последовательность событий, которые входят в отчет Абалкина о планете Надежда, в значительной степени определяются легендой о Пестром Дудочнике (гаммельнском Крысолове). Когда Абалкин и Щекн медленно пробираются по заброшенной урбанистической пустыне одного из главных городов Надежды в поисках причин внезапной гибели всей цивилизации, перед ними появляется паяц. Появление пляшущего арлекина в ярких одеждах настолько несовместимо с научно-фантастической «реальностью» этого посткатастрофического мира, что даже рассказчик отмечает некое общее несоответствие: «Паяц. Арлекин. Его ужимки были бы, наверное, смешными, если бы не были так страшны в этом мертвом городе...» [Стругацкие 2000–2003, 8: 39].

Но паяцы планеты Надежда наделены рядом ключевых черт Пестрого Дудочника, которые приписываются ему в сотнях литературных переработок легенды. Первый паяц, которого встречают Абалкин и Щекн, выглядит так:

> Он худой как скелет, желтолицый, с впалыми щеками и остекленелым взглядом. Мокрые рыжие патлы торчат во все стороны, ходуном ходят разболтанные и словно бы многосуставчатые руки, а голенастые ноги беспрерывно дергаются и приплясывают на месте, так что из-под огромных ступней разлетаются в стороны палые листья и размокшая цементная крошка.
>
> Весь он от шеи до ног обтянут чем-то вроде трико в разноцветную клетку: красную, желтую, синюю и зеленую, и беспрестанно звенят бубенчики... [Стругацкие 2000–2003, 8: 38–39].

Этот образ Дудочника частично возникает из-за того, что иногда легенду о Пестром Дудочнике связывают с историческим феноменом пляски святого Витта. Существует предположение, что введенные в транс жертвы средневекового *Tanzwut'а* вполне могли бы уйти за «дудочником» из города. В сумасшедшем паяце Стругацких объединены пораженные чумой танцоры и одетый в яркую одежду дьявольский музыкант, обещающий избавить людей от чумы. Если на планете Надежда существует призрак Пестрого Дудочника, то чего уж говорить о крысах. «Очень много крыс, — отмечает Абалкин на первой странице своего отчета, — <...> доносится возня, писк, хруст и чавканье. Щекн снова появляется в дверях. Он энергично жует и обирает с морды крысиные хвосты» [Стругацкие 2000–2003, 8: 33, 38].

Из легенды о Пестром Дудочнике взяты не только картины и образы: ее структура является префигурацией структуры событий в рассказе Абалкина. В парадигме сюжета легенды присутствуют: а) город, подвергшийся нашествию крыс; б) бродячий крысолов, который обещает освободить город за определенное вознаграждение; в) он выполняет задачу, уводя крыс прочь игрой на дудке; г) горожане отказывают ему в обещанном вознаграждении; д) силой своей мелодии, против которой невозможно устоять, Дудочник уводит городских детей к ближайшей горе, где они все навеки бесследно исчезают [Mieder 1987][2].

Сведенная к голой структуре история планеты Надежда развивается следующим образом: а) планета становится жертвой опустошительной эпидемии; б) неизвестная сверхцивилизация предлагает вывести граждан Надежды в новый, чистый мир; в) бóльшая часть населения планеты эвакуирована через межпространственные тоннели сверхцивилизации; г) немногочисленные вооруженные группировки сопротивляются эвакуации и сражаются, защищая собственную (хотя и охваченную эпидемией) цивилизацию до печального конца; д) сверхцивилизация всячески пытается заманить оставшихся в городе детей в свой загадочный иной мир.

а) В исходной легенде крысы и эпидемия просто суровая жизненная реальность, не бич Божий и не наказание природы. В версии Стругацких возникновение эпидемии непосредственно связано с безответственной, опасной жадностью и слепотой общества, стремящегося к технологическому развитию («официальная» версия Максима), или с враждебной волей чужой, внешней силы (версия выжившего). Структурный прием помещения истории внутрь другой истории, то есть отчета Абалкина как отдельной части — внутри повествования Максима, позво-

---

[2] По В. Мидеру, братья Гримм составили свою версию истории о Пестром Дудочнике на основе нескольких уже известных источников, но после ее публикации в 1816 году первоисточником считается версия Гриммов, с которой сравниваются дальнейшие переложения.

ляет двум интерпретациям накладываться друг на друга. Двойная мораль насколько очевидна, настолько и пессимистична; технологический прогресс не просто опасен как таковой, но в сочетании с социальной и психологической ограниченностью влечет за собой новую катастрофу: то же самое общество, которое способно сотворить разрушительные технологии, способно и обвинить в собственной несостоятельности чужую «расу отвратительных нелюдей».

б) В версии Стругацких сверхцивилизация действует как Дудочник, обещая вывести людей туда, где нет эпидемии.

в) В версии братьев Гримм крысы идут за Дудочником в реку Везер, где тонут. В знаменитом стихотворении Роберта Браунинга эта последовательность событий украшена сравнением с марширующей армией:

> Лишь только дудка заиграла —
> Как будто гул далекого обвала,
> Как будто тысячеголосый ропот,
> Как будто мощных армий грозный топот
> Послышался, и зданья затряслись,
> И хлынули наружу толпы крыс...

и очеловечиванием крысиных семей:

> Крыса-бабка с крысой-дедом
> Шли-брели за дудкой следом,
> Братья, сестры, тетки, дяди
> Напирали дружно сзади...
> И так по городу шагал он,
> А крысы вслед валили валом,
> Приплясывая в лад, пока
> Не поглотила всех река
> [Браунинг 2006].

Обе поэтические метафоры Браунинга — армия и «братья, сестры, тетки, дяди», которые «вслед валили валом», — оказываются осовременены в научно-фантастической версии Стругацких. Именно в этот момент мотив Пестрого Дудочника накладывается в тексте на фактический исторический источник, влияя на то, какие образы выбирает рассказчик. Подобно крысам в стихотворении Браунинга, семьи планеты Надежда пошли за своими «дудочниками», словно эвакуируемая армия, однако у такой армии уже был конкретный прецедент в XX веке — отправка евреев в лагеря смерти во время холокоста. Абалкин в отчете рисует жуткую картину, вызывающую ощущение дежавю:

> Но я уже и без всякого прожектора вижу, что асфальт здесь почти сплошняком покрыт довольно толстой неаппетитной коркой, какой-то спрессованной влажной массой, обильно проросшей разноцветной плесенью. Я вытаскиваю нож, поддеваю пласт этой корки — от заплесневелой массы отдирается не то тряпочка, не то обрывок ремешка. <...>
> Я поднимаюсь и иду дальше, ступая по мягкому и скользкому. Я пытаюсь укротить свое воображение, но теперь у меня это не получается. Все они шли здесь, вот этой же дорогой, побросав свои ненужные большие легковушки и фургоны, сотни тысяч и миллионы вливались с проспекта на эту площадь, обтекая броневик с грозно и бессильно уставленными пулеметами, шли, роняя то немногое, что пытались унести с собой <...>
> И почему-то казалось, что все это происходило ночью — человеческая каша была озарена мертвенным неверным светом, и стояла тишина, как во сне...
> — Яма... — говорит Щекн.
> Я включил прожектор. Никакой ямы нет. <...> а в двух шагах впереди влажно чернеет большой, примерно двадцать на сорок, прямоугольник гладкого голого асфальта. <...>
> — Ступеньки! — говорит Щекн как бы с отчаянием. — Дырчатые! Глубоко! Не вижу...
> У меня мурашки ползут по коже: я никогда еще не слыхал, чтобы Щекн говорил таким странным голосом [Стругацкие 2000–2003, 8: 71–72].

«Яма», которую обладающий редкой интуицией Щекн боится как смерти, кажется Абалкину простым черным прямоугольником. Черный прямоугольник символизировал также дверь в газовую камеру в более ранней повести Стругацких «Улитка на склоне» (см. с. 113).

г) В легенде мелкобуржуазные жители Гаммельна отказываются заплатить Пестрому Дудочнику обещанное вознаграждение за избавление города от крыс. В «Жуке в муравейнике» этот крайне важный момент практически полностью отсутствует по той простой причине, что, хотя Странники и «активно вмешались» в дела планеты Надежда, нет никакого намека на то, что они потребовали вознаграждения. Это единственный существенный отход от подтекста Пестрого Дудочника, поскольку он исключает возможность вывести простую мораль: жадные, недалекие горожане не нарушали никаких обещаний, не предлагали вознаграждения, а потом не отказывались его выплачивать. Наоборот, непримиримое сопротивление эвакуационному плану Странников началось по моральным соображениям. Слова одного из выживших, встреченного Абалкиным, принадлежат представителю не благодушного среднего класса, а вынужденного сражаться инакомыслящего меньшинства, отличающегося не цветом кожи или классовой принадлежностью, но мировоззрением:

> Конечно, не все поверили [обещаниям сверхцивилизации] и не все испугались. Оставались целые семьи и группы семей, целые религиозные общины. В чудовищных условиях пандемии они продолжали свою безнадежную борьбу за существование и за право жить так, как жили их предки. Однако нелюди и эту жалкую долю процента прежнего населения не оставили в покое. Они организовали настоящую охоту за детьми, за этой последней надеждой человечества... [Стругацкие 2000–2003, 8: 111].

д) Сверхцивилизация («нелюди», по определению аборигенов Надежды) отвечает на сопротивление местного населения так же, как и в исходной легенде: они начинают заманивать детей. По словам выжившего, цветные паяцы, звенящие бубенчиками, были придуманы «нелюдями», дабы похищать детей. Это подтверждает наше изначальное предположение о том, что прообразом сумасшедшего паяца на планете Надежда является Пестрый Дудочник из легенды. Более того, в данной версии он выступает как исключительно злой Дудочник. Он похищает невинных детей, навлекая на себя месть со стороны небольшой группы героических борцов сопротивления. Он делает это без оснований, присутствующих в легенде, где власти города не сдержали данного ему обещания.

Реакция Абалкина на рассказ очевидца предвосхищает реакцию читателя на противоречивую информацию, представленную на разных уровнях текста и подтекста, и содержит дальнейшие инструкции касательно того, как следует понимать упомянутый рассказ:

> Подсознательно я ожидал чего-нибудь в этом роде [рассказ выжившего], но то, что я услышал от очевидца и пострадавшего, почему-то никак не укладывается у меня в сознании. Факты, которые изложил старик, сомнения у меня не вызывают, но это — как во сне: каждый элемент в отдельности полон смысла, а все вместе выглядит совершенно нелепо. Может быть, все дело в том, что мне в плоть и кровь въелось некое предвзятое мнение о Странниках, безоговорочно принятое у нас на Земле? [Стругацкие 2000–2003, 8: 112–113].

Признание Абалкина в том, что он разделяет всеобщий предрассудок против чужой расы, добавляет еще одну деталь к системе аллюзий на еврейский вопрос. Однако, как и у многих других «нагруженных» смыслами образов и аллюзий в рассказе, их смысл не характерен для научно-фантастического сюжета или персонажа, через которого они передаются. Ясно, что Странники не всегда предстают как сверхцивилизация, пугающая граждан так, что те в панике бегут навстречу смерти; не всегда они предстают и как преследуемая чужая раса. Скорее, реальный ход истории эпохи Стругацких, многократно официально искажавшейся, они разделили здесь на составляющие и наложили на хорошо известный префигуративный мотив — легенду о Пестром Дудочнике. Подразумеваемая префигурация, в свою очередь, служит основанием для сознательного сравнения и противопоставления с научно-фантастическим сюжетом, каковым она в определенной степени управляет. Префигуративный мотив выступает чем-то вроде «поверхности проводника», через которую информация из «реального мира» может вторгаться в воображаемый мир популярного жанра.

Логика и образы научно-фантастического рассказа сами по себе требовали бы в «Жуке в муравейнике» счастливого конца.

По этой логике, ответственность за экологическое и моральное разрушение целой планеты лежит на ее взрослом населении и правительстве. Представители сверхцивилизации вмешались в безвыходную ситуацию на охваченной эпидемией планете и перевезли всех детей младше 12 лет (все еще здоровых физически и, предположительно, духовно) в другой мир, на новую «Надежду». Однако логика и образы темы Пестрого Дудочника, совмещенные с историческим опытом советских интеллектуалов и евреев поколения Стругацких, указывают на трагическую развязку, о чем свидетельствуют чудовищная депортация людей и похищение детей, описанные в пунктах в) и д).

Перерабатывая и адаптируя легенду о Пестром Дудочнике в «Жуке в муравейнике», Стругацкие успешно используют неоднозначность трагической или сказочной трактовки ее окончания. У внутренней истории могло быть два завершения. Допустимо сказать, что детям повезло сбежать из морально испорченного мира с разрушенной экологией, где жили их родители. Но также можно сказать, что их заманили из их собственного человеческого мира в другую, чужую цивилизацию, которая по определению порочна. Обе точки зрения обоснованны, хотя и являются взаимоисключающими. Моральное суждение, к которому читатель приходит в момент трагической развязки внешнего повествования (шпионского триллера), зависит от того, какой из двух точек зрения он придерживается[3].

Откровение

Последовавший за «Жуком в муравейнике» роман «Волны гасят ветер» завершил трилогию о Максиме Каммерере и его деятельности в КОМКОНе.

---

[3] Вопрос о том, было ли убийство Льва Абалкина оправданным, породил жаркие споры среди поклонников Стругацких. В научно-фантастических клубах целые вечера посвящались этой теме (но окончательный ответ так и не был получен).

В этом романе рассказ Максима Каммерера строится по законам детектива. Главный герой, Тойво Глумов, работает под началом Максима в Отделе чрезвычайных происшествий. Перед ним стоит задача найти виновников ряда загадочных, почти сверхъестественных событий, происходящих на Земле в последние годы XXIII века. Хотя эти чрезвычайные события, начиная от серии самоубийств китов, бросающихся на отмель, и заканчивая вторжением склизкого чудовища в голливудском стиле, логически не связаны, но, взятые вместе, они наводят на мысль о воплощаемом некой сверхъестественной силой умысле. Происшествия 99 года преисполнены поистине апокалиптического смысла. Тойво намерен разоблачить происки империалистической сверхцивилизации — известной, предположительно, как Странники, — стоящей за апокалиптическими предзнаменованиями. Неотступно преследуя космического врага, он сталкивается с тайной своей собственной двойственной личности: он сам принадлежит к группе избранных сверхлюдей, которым суждено инициировать превращение человечества в высшую расу. Как Эдипа — поиски причин бедствий его народа, поиски Тойво приводят его в конце концов к самому себе. В романе «Волны гасят ветер» череда воспоминаний Максима Каммерера позволяет раскрыть тайну утраты Тойво своей человеческой природы и обретения сверхчеловеческих способностей.

В нашем анализе «Жука в муравейнике» подчеркивалась роль префигуративного мотива как известных точки отсчета и аналогии, помогающих читателю ориентироваться среди противоречивых и неоднозначных событий, происходящих в романе. Более того, префигуративный мотив в «Жуке в муравейнике» следует тому, что Уайт назвал «однолинейной схемой развития», то есть осовремененный сюжет соотносится с положенным в его основу мотивом абсолютно просто и прямолинейно. В порядке их появления в рассказе легендой о Пестром Дудочнике предопределяются персонажи (паяцы, дети), образы (крысы, колодцы, в которых «утонули» взрослые) и события (массовое исчезновение) из отчета Абалкина о планете Надежда. В романе «Волны гасят ветер» эта модель искажена, а префигуративная схема фрагментирована и перенесена на более чем одного героя или ситуацию.

Действующая схема — это жизнь Иисуса, как она известна нам по Евангелиям. Приведенный ниже анализ воссоздает положенную в основу схему и показывает, как она определяет форму, хотя и не всегда содержание сюжета. Иными словами, несмотря на то что для многих событий, составляющих биографию Тойво, прообразом служит жизнь Иисуса, моральные взгляды Тойво далеко не всегда «христоподобны». В ряде случаев аллюзии на тот или иной евангельский сюжет перемещаются с Тойво, основного героя, на какого-нибудь второстепенного персонажа.

Намек на префигуративный мотив дается сразу во введении, датируемом более поздним временем, чем основное действие романа. Во введении Максим Каммерер излагает свои мысли светским псевдонаучным языком; тем не менее он косвенным образом берет на себя роль апостола, «свидетеля, участника, а в каком-то смысле даже и инициатора» «Большого Откровения».

> С точки зрения непредубежденного, а в особенности — молодого, читателя, речь в нем пойдет о событиях, которые положили конец целой эпохе в космическом самосознании человечества и, как сначала казалось, открыли совершенно новые перспективы, рассматривавшиеся ранее только теоретически. Я был свидетелем, участником, а в каком-то смысле даже и инициатором этих событий <...> явившихся причиной той бури дискуссий, опасений, волнений, несогласий, возмущений, а главное — огромного удивления — всего того, что принято называть Большим Откровением [Стругацкие 2000–2003, 8: 534][4].

Центральная фигура этой истории, как она предстает через призму апостольской памяти рассказчика, — Тойво Глумов — обладает многими чертами, которые традиционно приписывались Иисусу Христу:

---

[4] Роман «Волны гасят ветер» публиковался по частям в журнале «Знание — сила» (1985. № 6–12; 1986. № 1, 3). За границей он был опубликован издательством «Кешет» (Хайфа, Израиль).

>…я вижу его худощавое, всегда серьезное молодое лицо, вечно приспущенные над серыми прозрачными глазами белые его, длинные ресницы, слышу его как бы нарочито медлительную речь, вновь ощущаю исходящий от него безмолвный, беспомощный, но неумолимый напор, словно беззвучный крик <…>
> …и наоборот, стоит мне вспомнить его по какому-либо поводу, и тотчас же, словно их разбудили грубым пинком, просыпаются «злобные псы воспоминаний» — весь ужас тех дней, все отчаяние тех дней, все бессилие тех дней — ужас, отчаяние, бессилие, которые испытывал я тогда один, потому что мне не с кем было ими поделиться [Стругацкие 2000–2003, 8: 535].

Иконографические черты Христа — худощавый, сероглазый, парадоксально молодой и серьезный, беспомощный и бесконечно могущественный — поначалу, кажется, подтверждают схему, вырастающую из префигуративного мотива. О библейском контексте мы уже предупреждены упоминанием о Большом Откровении, и появление похожей на Христа центральной фигуры в воспоминаниях Максима вполне уместно. Но вопреки ожиданиям схема прерывается посреди абзаца — и часть префигуративного мотива перемещается на рассказчика. На второй набор характерных черт, принадлежащих фигуре Христа, — Его неизбежное одиночество и отчаяние (в Гефсиманском саду) — претендует сам рассказчик. Этот отрывок — типичный пример приема, который Стругацкие будут использовать во всем романе: дробление на фрагменты и (пере)группировка префигуративного мотива. Например, в следующей сцене Тойво встречает одного из коллег, и они обмениваются приведенными ниже репликами. Не нужно знать контекста, в котором происходит диалог, чтобы признать в нем часть префигуративной схемы:

> — Нет, — сказал он [Гриша]. — Я не могу как ты, вот в чем дело. Не могу. Это слишком серьезно. Я от этого весь отталкиваюсь. Это же не личное дело: я-де верю, а вы все — как вам угодно. Если я в это поверил, я обязан бросить всё, пожертвовать всем, что у меня есть, от всего прочего отказаться… Постриг принять, черт подери! Но жизнь-то наша многовариантна! Каково это — вколотить ее целиком во что-нибудь одно… Хотя, конечно, иногда мне становится стыдно и страшно, и тогда я смотрю на

тебя с особенным восхищением... А иногда — как сейчас, например, — зло берет на тебя глядеть... На самоистязание твое, на одержимость твою подвижническую... И тогда хочется острить, издеваться хочется над тобою, отшучиваться от всего, что ты перед нами громоздишь...

— Слушай, — сказал Тойво, — чего ты от меня хочешь?

Гриша замолчал.

— Действительно, — проговорил он. — Чего это я от тебя хочу? Не знаю.

— А я знаю. Ты хочешь, чтобы все было хорошо и с каждым днем все лучше.

— О! — Гриша поднял палец [Стругацкие 2000–2003, 8: 622–623].

Отождествление Тойво с его прообразом — Христом — здесь усиливается. Следовать примеру Тойво означает «пожертвовать всем» и «принять постриг». Гриша смотрит на Тойво / Христа с «особенным восхищением», однако чувствует «стыд и страх», сталкиваясь с его примером. И в этот момент возникает совершенно не ортодоксальный, но очень современный элемент двусмысленности: Гриша также чувствует отвращение и недовольство по поводу мученичества Тойво. В конце одним иконографическим жестом, который является и самим символом, и пародийной подменой символа, Христос (обращаясь к ученику, Грише) поднимает палец, наставляя и поучая: «Ты хочешь, чтобы все было хорошо и с каждым днем все лучше». Здесь библейская префигурация сталкивается с другим мотивом, перефразирующим марксистско-ленинские представления о линейном историческом прогрессе: «хорошо и с каждым днем все лучше». То, что Тойво, когда вошел Гриша, читал книгу «Вертикальный прогресс», теперь обретает двойное значение. Вопрос Тойво и честный ответ Гриши — он не знает, чего хочет от спасителя, — связаны с апокалиптической темой романа посредством отсылки к линейному (вертикальному) прогрессу: общество, которое «не знает, чего хочет», кроме того, чтобы «все было хорошо и с каждым днем все лучше», с особенной легкостью может сменить одну телеологическую идеологию на другую. Так (и на это, кажется, намекают Стругацкие), в XX веке религия уже была замещена коммунизмом, или фашизмом, или самонадеянной верой во всесилие науки — с сопутствующей тенденцией к замене несостоятельных светских систем верований новой формой религиозного фундаментализма[5].

Если, судя по двум вышеприведенным примерам, прообразом жизни Тойво Глумова является жизнь Иисуса, как она известна по самым привычным источникам — Евангелиям, — то цепь ожидаемых событий должна включать в себя «крещение (никакого детства, никакой человеческой фигуры отца), искушение, сбор учеников, сотворение нескольких чудес, провозглашение нового образа жизни, Тайную вечерю, страдания в одиночестве, предательство, суд и распятие» [Ziolkowski 1972: 10][6]. Поскольку жизнь Тойво представлена только в подборке документов, предложенной рассказчиком, удивительно не отсутствие одного или двух «префигурированных» событий, а то, что большинство из них в том или ином виде присутствуют.

Крещение
Этот момент обойден вниманием. Нет никакого упоминания о крещении.

---

[5] Во имя прогресса современные общества (и на Востоке, и на Западе) искали путь к утопии через научные и технологические «решения». В результате обещанный религией апокалипсис угрожает с другой стороны: через опасность рукотворной ядерной катастрофы или разрушения биосферы. Стругацкие открыто связывают культурный апокалипсис и природные катаклизмы. Сейчас обсуждаются апокалиптические последствия господства марксистско-ленинских представлений о «научном» историческом и экономическом развитии, но о сопутствующем уничтожении окружающей среды по идеологическим или политическим причинам никогда не говорится в открытую. Еще в «Далекой Радуге» (1964) технология послужила причиной экологической катастрофы. В «Пикнике на обочине» (1972) провидчески показано, как военно-индустриальный комплекс (капиталистический или социалистический) не может ограничить неуправляемую технологию, но вместо этого пытается нажиться на ней, невзирая на риск для человеческого общества.

[6] Также Т. Циолковский добавляет: «Воскресение вторгается в область христианской веры; исторического Иисуса распяли, но лишь керигматический Христос веры воскрес».

Никакого детства, никакой человеческой фигуры отца

О детстве Тойво ничего не рассказывается. Он появляется на сцене 30-летним человеком. При описаниях Преображения Христа его обычно изображают мужчиной 30 лет — согласно тому, что нам известно об историческом Иисусе. Согласно хронологии истории будущего Стругацких, Тойво, которому около 11 лет в 78 году (в «Жуке в муравейнике»), в 99-м, когда разворачивается действие романа «Волны гасят ветер», ровно 30. Он не поддерживает связь с отцом.

Искушение

Искушение в пустыне представлено одним из таинственных происшествий, в котором встревоженный Комитет по контролю усмотрел результат возможной деятельности Странников:

> ...я... получил информат о происшествии на Тиссе (не на реке Тисе, что мирно протекает по Венгрии и Закарпатью, а на планете Тиссе у звезды ЕН 63061, незадолго до того обнаруженной ребятами из ГСП). Информат трактовал происшествие как случай внезапного и необъяснимого помешательства всех трех членов исследовательской партии, высадившейся на плато (забыл название) за две недели до того. Всем троим вдруг почудилось, будто связь с центральной базой утрачена и вообще утрачена связь с кем бы то ни было, кроме орбитального корабля-матки, а с корабля-матки автомат ведет непрерывно повторяющееся сообщение о том, что Земля погибла в результате некоего космического катаклизма, а все население Периферии вымерло от каких-то необъяснимых эпидемий.
>
> <...> Двое из партии, кажется, пытались убить себя и в конце концов ушли в пустыню — в отчаянии от безнадежности и абсолютной бесперспективности дальнейшего существования. Командир же партии... заставил себя жить — как если бы не погибло Человечество, а просто сам он попал в аварию и отрезан навсегда от родной планеты. Впоследствии он рассказал, что на четырнадцатый день этого его безумного бытия к нему явился некто в белом и объявил, что он, командир, с честью прошел первый тур испытаний и принят кандидатом в сообщество Странников [Стругацкие 2000–2003, 8: 536–537].

Здесь префигуративным мотивом предвосхищается только форма искушения в дикой местности («пустыне»), которое длится 40 («четырнадцать») дней и заканчивается явлением ангела («некто в белом»); духовное содержание библейской сцены не играет роли. В капитане нет ничего божественного, а Странники вовсе не обязательно олицетворяют дьявола. В этой маленькой сцене сюжет и образы, предвосхищенные префигуративным мотивом, взаимодействуют с другими слоями текста, усиливая апокалиптическую тему романа (содержание краткой сводки новостей).

Иисус собирает учеников

В описании того, как Тойво собирает учеников, христианский мотив просто инвертируется: Тойво делает это силой своей ненависти, а не любви. Здесь он стоит в одном ряду с другой фигурой современной литературы — мексиканцем Риверой из рассказа Джека Лондона. В следующем отрывке представлены и префигуративные, и межтекстовые аллюзии:

> Замечательно, что мои старые работники — Гриша Серосовин, Сандро Мтбевари, Андрюша Кикин и другие — при нем как бы подтянулись, перестали лоботрясничать, стали гораздо менее ироничны и гораздо более деловиты, и не то чтобы они брали пример с него [Тойво], об этом не могло быть и речи, он был для них слишком молод, слишком зелен, но он словно заразил их своей серьезностью, сосредоточенностью на деле, а больше всего поражала их, я думаю, та тяжелая ненависть к объекту работы, которая угадывалась в нем и которой сами они были лишены начисто. Как-то случайно я упомянул при Грише Серосовине о смуглом мальчишке Ривере и вскоре обнаружил, что все они отыскали и перечитали этот рассказ Джека Лондона [Стругацкие 2000–2003, 8: 548–549].

Иисус творит чудеса

Воплощение библейского мотива чудотворения неожиданным образом превращается у Тойво в фанатичное преследование тех, кого он подозревает в совершении чудес. Каждое чудесное явление воспринимается Тойво как еще одно доказательство активного и по определению враждебного вмешательства сверхцивилизации в ход человеческой эволюции.

Иисус провозглашает новый образ жизни

Исторический Иисус провозгласил новое, христианское мировоззрение во времена духовной и политической смуты, когда рушились, сменяясь новыми, старые верования. Возникновение христианства, как и возникновение ислама, сопровождалось общим всплеском активности мистических культов и появлением лжепророков. Основная часть сюжетного материала романа «Волны гасят ветер» обусловлена этой формальной префигурацией. В эпоху «Большого Откровения», служащую ключевой темой воспоминаний Максима Каммерера, «можно ожидать... возникновения массовых фобий, новых учений мессианского толка, появления людей с необычными способностями, необъяснимых исчезновений людей, внезапного, как бы по волшебству, появления у людей новых талантов и т. д.» [Стругацкие 2000–2003, 8: 544].

Провозглашение «нового образа жизни» переносится с фигуры Тойво на документ, известный как Меморандум Бромберга. Христианский идеал нового, бескорыстного общества, основанного на любви и духовной целостности, совершенно лишен религиозного налета и претендует на научную достоверность.

> Любой Разум... в процессе эволюции первого порядка проходит путь от состояния максимального разъединения (дикость, взаимная озлобленность, убогость эмоций, недоверие) к состоянию максимально возможного при сохранении индивидуальностей объединения (дружелюбие, высокая культура отношений, альтруизм, пренебрежение достижимым). Этот процесс управляется законами биологическими, биосоциальными и специфически социальными [Стругацкие 2000–2003, 8: 541].

В Меморандуме Бромберга о Монокосме противопоставляются эзотерический, восточный идеал «самоуспокоения, замыкания на себя, потери интереса к физическому миру» и экзотерический, западнический идеал, для которого характерны «романтические трели теории вертикального прогресса» [Стругацкие 2000–2003, 8: 541]. Бромберг предлагает синтетическую метафизику, выводящую на «путь к Монокосму». Легкая взаимозаменяемость мистических и светских доктрин, провозглашающих новую жизнь, подчеркивается использованием Бромбергом псевдонаучной риторики для описания архетипического религиозного образа рая:

> Синтез Разумов… приводит к уменьшению страданий до минимума и к увеличению радости до максимума. Понятие «дом» расширяется до масштабов Вселенной. (Наверное, именно поэтому возникло в обиходе это безответственное и поверхностное понятие — Странники.) Возникает новый метаболизм, и, как следствие его, жизнь и здоровье становятся практически вечными. Возраст индивида становится сравнимым с возрастом космических объектов — при полном отсутствии накопления психической усталости. Индивид Монокосма не нуждается в творцах. Он сам себе и творец, и потребитель культуры.
>
> Каждый новый индивид возникает как произведение синкретического искусства: его творят и физиологи, и генетики, и инженеры, и психологи, эстетики, педагоги и философы Монокосма [Стругацкие 2000–2003, 8: 541].

Тезис Бромберга, с его бюрократическим определением Царствия Небесного («уменьшение страданий до минимума») и научным объяснением того, как человек становится ангелом («новый метаболизм»), не просто научно-фантастическая ирония. Рассуждение о «синтезе Разумов» перекликается по форме и содержанию с «синтезом двух разумов», который предложил философ Федоров. Более подробно влияние Федорова на творчество Стругацких будет рассматриваться в четвертой главе.

Тайная вечеря

Аллюзий на Тайную вечерю совсем немного — их можно было бы посчитать случайными деталями без префигуративного значения, если бы они не относились именно к поворотному моменту жизненного пути Тойво. Контекст, в котором они возникают, намного важнее частотности. Непосредственно предшествует Тайной вечере приведенный обмен репликами между Тойво и Гришей — самое явное сравнение Тойво с фигурой Христа. Некоторые подробности этого диалога подчеркивают глубокое одиночество Тойво и предвещают его полное отдаление от рода человеческого.

Непосредственно перед сценой Тайной вечери, единственной домашней сценой романа, жена Тойво рассказывает о проблемах в кулинарном институте, где она работает. Она жалуется, что закваска (для хлеба), которую они доставляют с Пандоры, взбунтовалась и стала горькой — и это поставило под угрозу дальнейшее производство «прославленных на всю планету» пирожков на опарном тесте. Ее тирада — хороший пример многослойности текста. За штампами, характерными для научной фантастики (синтезированная еда, межпланетная доставка), читатель отчетливо слышит разговорные интонации своей современницы — расстроенной работающей советской женщины. В контексте Тайной вечери аллюзия на перебродившее тесто кажется намеком на кощунственную шутку.

Сцене придает апокалиптическое значение зловещий, чересчур драматичный закат: «Они поужинали в комнате, багровой от заката» [Стругацкие 2000–2003, 8: 624]. Эта «Тайная вечеря» — последний ужин Тойво с его женой Асей. Потом она на три месяца уезжает в командировку, а к ее возвращению уже случится «предательство» (о котором ниже). Библейские образы в этой сцене относятся не к иконографической Тайной вечере — Христос в окружении 12 учеников сидит за столом, — а к истории Марфы и Марии из Евангелия от Луки (10:38–42). Образ Марии, сидящей у ног Христа и слушающей Его наставления, пока Марфа заботится об угощении, несколько изменен: Тойво расположился у ног Аси и произносит свою «речь» об относительности добра и зла. Пока Тойво не заканчивает говорить, Ася не приносит ужин. Затем, когда они едят, в комнату влетает красивая бабочка. Они решают назвать ее Марфой. Схема, прообразом которой является библейский мотив, сложилась.

Христос предан

«Людены» — это группа избранных, совершивших качественный эволюционный скачок, обогнав в своем развитии все остальное человечество. Так называемая третья импульсная система делает люденов более совершенными на психологическом, физиологическом и интеллектуальном уровне, чем обычные *Homo sapiens*. Третья импульсная система, до поры до времени неактивная, неожиданно раскрывающая сущность Тойво как людена, оказывается в буквальном смысле крестом (заглавной латинской буквой Т), который он несет:

> К а м м е р е р [к Тойво]. <...> машина эта ищет так называемый зубец «Т» ментограммы, он же «импульс Логовенко». Если у человека имеется годная для инициирования третья импульсная система, в его ментограмме проявляется этот растреклятый зубец «Т». Так вот, у тебя этот зубец есть [Стругацкие 2000–2003, 8: 678–679].

Откровение о сверхчеловеческой сущности Тойво равнозначно Большому Откровению, которое рассказчик упоминает во введении. Научно подтвержденное существование люденов и их необычных способностей (которые обычным людям кажутся чудесами) избавляет от необходимости гипотетической сверхцивилизации. Больше не нужно строить догадки о существовании Странников; другими словами, в появлении необыкновенного зверя со множеством рогов и в других испытаниях, насланных на человечество, не виновата инопланетная сверхцивилизация с другого конца Вселенной. Апокалиптические знамения были, скорее, проявлениями внутренней, альтернативной, абсолютной инаковости, зародившейся в недрах самого человечества. Таким образом, центральный для формирования сюжета вопрос, вокруг которого вращается весь цикл об истории будущего, подвергается осмеянию. В романе «Волны гасят ветер» Леонид Горбовский, патриарх этого цикла, встает со смертного одра (ему больше 150 лет), чтобы высмеять всю теорию о Странниках и, как металитературное следствие, высмеять поверхностное понимание обманчиво популярной формы романа: «Ну взрослые же люди, не школьники, не студенты… Ну как вам не совестно, в самом деле? Вот за что я не люблю все эти разговоры о Странниках… И всегда не любил! Ведь обязательно же они кончаются такой вот перепуганной детективной белибердой!» [Стругацкие 2000–2003, 8: 663].

Элементы темы предательства присутствуют на разных уровнях текста, но ее значимость подтверждается тем, что они встречаются в переломные моменты развития романа. Серия воображаемых и действительных «предательств» происходит в сцене, следующей за Тайной вечерей Тойво, перед его отбытием с Земли в космическое пространство — образно говоря, перед его вознесением на небеса.

Максим Каммерер воспринимает известие о том, что Тойво больше, чем человек, как «предательство» и «потерю сына». Он пытается уговорить того стать двойным агентом и сообщать человечеству о действиях ему подобных. Здесь мотив предательства по библейскому образцу совмещается с аллюзиями на предательство в конкретных советских условиях XX века. Например, Тойво Глумову, еще пребывающему в неведении по поводу своей сущности, разрешено прослушать запись разговора, в котором главный представитель люденов Земли рассказывает об их происхождении и текущей деятельности. В записи много лакун. Но авторы предполагают: читатели и те, кто побывал «в круге первом» А. И. Солженицына, поймут, что/кто стоит за «странной манерой вести переговоры»:

Глумов. Так что было в лакунах?
Каммерер. Неизвестно.
Глумов. То есть как — неизвестно?
Каммерер. А так. Комов и Горбовский не помнят, что было в лакунах. Они никаких лакун не заметили. А восстановить фонограмму невозможно. Она даже не стерта, она просто уничтожена. На лакунных участках решетки разрушена молекулярная структура.
Глумов. Странная манера вести переговоры.
Каммерер. Придется привыкать [Стругацкие 2000–2003, 8: 676].

Ненависть Тойво к Странникам теперь обращается на более близкую и конкретную цель — на люденов, вызывая новый подтекст — еврейский вопрос.

> Г л у м о в. <...> Суть же в том, что человечество не должно быть инкубатором для нелюдей и тем более полигоном для их проклятых экспериментов! <...> Вам не следовало посвящать в это дело ни Комова, ни Горбовского [членов Всемирного совета]. Вы поставили их в дурацкое положение. Это дело КОМКОНа-2, оно целиком в нашей компетенции. Я думаю, и сейчас еще не поздно. Возьмем этот грех на душу.
> К а м м е р е р. Слушай, откуда у тебя эта ксенофобия? Ведь это не Странники, это не Прогрессоры, которых ты ненавидишь...
> Г л у м о в. У меня такое чувство, что они [людены] еще хуже Прогрессоров. Они предатели. Они паразиты. Вроде этих ос, которые откладывают яйца в гусениц... [Стругацкие 2000–2003, 8: 676–677].

Туманная аллюзия на нацистские эксперименты, на провал попыток международных альянсов вовремя «сдержать» фашизм и на антисемитские настроения усиливается совсем не свойственным Тойво обращением к религиозной терминологии: «взять грех на душу». Впрочем, здесь нет однозначного соотношения между художественным сюжетом и персонажами, с одной стороны, и социополитическими событиями, на которые они указывают, — с другой. В приведенном выше отрывке Тойво Глумов (теперь уже сам — люден!) обвиняет люденов в том, что они используют человечество как полигон для «проклятых [читаем: нацистских] экспериментов», одновременно ругая их языком советской антисемитской пропаганды («осы, которые откладывают яйца...»).

Тойво отказывается от предложения Максима работать двойным агентом, поскольку боится, что как только он инициирует третью импульсную систему, дабы смешаться с рядами врагов, то потеряет все признаки человеческой природы: «Превращение в людена — это моя смерть. Это гораздо хуже смерти, потому что для тех, кто меня любит, я останусь живым, но неузнаваемо отвратным. Спесивым, самодовольным, самоуверенным типом. Вдобавок еще и вечным, наверное» [Стругацкие 2000–2003, 8: 683].

Так и хочется подставить к эпитету «вечный» слово «жид». Максим пытается успокоить Тойво словами: «Пока еще ничего страшного не произошло. Что ты так раскричался, словно к тебе уже "ухмыляясь, приближаются с ножами"?» Межтекстовая аллюзия отсылает к «Диспуту» (1851) Генриха Гейне, а фрагмент стихотворения целиком звучит так: «И евреи, ухмыляясь, / Приближаются с ножами, / Чтобы в знак своей победы / Поживиться плотью крайней...»[7]

Воскресение

В романе «Волны гасят ветер» есть и последняя формальная часть префигуративной схемы, которой мы следуем, то есть воскресение. Тойво в итоге присоединяется к люденскому меньшинству и в буквальном смысле начинает новую жизнь за пределами Земли, поскольку людены обычно предпочитают жить в космическом пространстве. Разбросанные по всему роману аллюзии, связывающие подъем русского национализма (и антисемитизма) с апокалиптическим исступлением, к концу романа становятся частью очевидного мотива. Элементы сюжета и образов, заданные этим префигуративным мотивом, такие как знак креста, предательство и вознесение в космическое пространство (на небеса), фрагментируются и накладываются на схему аллюзий, которая отсылает читателя к дилемме, актуальной для советских евреев, задумывавшихся об эмиграции. Поэтому, сколь бы ни хотелось критику Каганской видеть в тексте исключительно аллегорию зашифрованного отношения Стругацких к советскому антисемитизму и вопросу еврейской эмиграции, еврейский вопрос лишь одна из граней апокалиптической темы, громче всего звучащей в финальной части трилогии из истории будущего. Изучение топографии местности апокалипсиса в романе «Волны гасят ветер» подтверждает эту интерпретацию.

---

[7] Цитата из Гейне в переводе И. Б. Мандельштама. — *Примеч. пер.*

Зверь Апокалипсиса

Прообразом для внешнего повествования романа «Волны гасят ветер» служит канонический сюжет о земной жизни Христа. Поскольку префигурация здесь смещается и/или оказывается неполной, логично предположить, что для романа важен только сам Христос, а событиями и моралью Евангелий можно и пренебречь. В частности, образ Христа в обществе, замершем в ожидании катастрофических перемен, Стругацкие трактуют очень осторожно, хотя и неоднозначно. Во внешний сюжет авторы вставили рассказ в рассказе. Внутренняя история повествует о расследовании Тойво на месте происшествия в курортном поселке Малая Пеша. Мы уже знаем из внешнего повествования Максима, что Тойво в молодости занимался расследованиями «чрезвычайных происшествий». В данном конкретном случае в мае 99 года летние обитатели дачного поселка в панике бежали, когда на них напал многоголовый рогатый зверь неизвестного происхождения.

Вот как Максим вводит свой ретроспективный отчет о самом событии и последующем расследовании:

> Нетрудно видеть, что предлагаемая реконструкция <...> содержит, кроме совершенно достоверных фактов, еще и кое-какие описания, метафоры, эпитеты, диалоги и прочие элементы художественной литературы. <...>
> Это первый мой опыт реконструкции. Я очень старался. Работа моя осложнялась тем, что я никогда не бывал в Малой Пеше в те давние времена, однако же в моем распоряжении осталось достаточное количество видеозаписей <...> Так что за топографическую точность я, во всяком случае, ручаюсь. Считаю возможным для себя поручиться и за точность диалогов [Стругацкие 2000–2003, 8: 575, 584].

Как и следовало ожидать, предупреждения рассказчика вводят в заблуждение. Топография Малой Пеши реконструируется не по неким предполагаемым видеозаписям, а по ряду разнородных вымышленных ландшафтов, уже существующих как артефакты западной культуры. Схема межтекстовых аллюзий создается постепенно, через контригру с внешними сюжетными предпосылками. К источникам топографических подробностей Максима мы можем причислить:

— пейзажи И. И. Левитана;
— библейское Откровение Иоанна Богослова;
— художественную прозу Р. Киплинга;
— русскую адаптацию «Пиноккио», выполненную А. Н. Толстым;
— шпионские романы Яна Флеминга.

Поскольку в своей реконструкции рассказчик стремится воздействовать на аудиторию посредством чувств, а не фактов, Максим позволяет себе детально описать пейзаж и общую атмосферу, в которой проходило расследование Тойво:

> Сверху поселок Малая Пеша выглядел так, как и до́лжно было выглядеть этому поселку в четвертом часу утра. Сонно. Мирно. Пусто. Десяток разноцветных крыш полукругом, заросшая травой площадь, несколько стоящих вразброс глайдеров, желтый павильон клуба у обрыва над рекой. Река казалась неподвижной, очень холодной и неприветливой, клочья белесого тумана висели над камышами на той стороне. <...>
> Коттеджи Малой Пеши были старинные, постройки прошлого века, утилитарная архитектура, натурированная органика, ядовито-яркие краски — от старости. Вокруг каждого коттеджа — непроглядные кусты смородины, сирени, заполярной клубники, а сразу же за полукольцом домов — лес, желтые стволы гигантских сосен, серо-зеленые от тумана хвойные кроны, а над ними, уже довольно высоко, — багровый диск солнца на юго-востоке... [Стругацкие 2000–2003, 8: 575–576].

Первое требование к сыщику: на работе он всегда должен замечать все подсказки, которые встречаются ему на месте преступления или необычного происшествия. Соответственно, в реконструкции Максима то, как Тойво воспринимает внутренние или внешние ландшафты, ничего не говорит о ландшафте как таковом — ландшафт скорее выступает частью протокола о расследуемом происшествии.

Да, следы здесь были, следов было много: помятые и поломанные кусты, изуродованная клумба, а трава под перилами выглядела так, словно на ней кони валялись. Если здесь побывали животные, то животные неуклюжие, громоздкие, и к дому они отнюдь не подкрадывались, а перли напролом. С площади, через кустарник наискосок и через раскрытые окна прямо в комнаты...

Тойво пересек веранду и толкнул дверь в дом. Никакого беспорядка там не обнаруживалось. Точнее, того беспорядка, какой должны были бы вызвать тяжелые, неповоротливые туши.

Диван. Три кресла. Столика не видно — надо полагать, встроенный. Пульт только один — в подлокотнике хозяйского кресла. <...> На передней стене — левитановский пейзаж, старинная хромофотоновая копия с трогательным треугольничком в левом нижнем углу, чтобы, упаси бог, какой-нибудь знаток не принял за оригинал [Стругацкие 2000–2003, 8: 582–583].

Ландшафт Малой Пеши дает подсказки для развития научно-фантастического сюжета, а также скрытого философского сюжета романа. Стругацкие используют детективные клише не только для того, чтобы построить увлекательный сюжет, но и для того, чтобы крепче увязать фантастическую историю с современной политической и философской повесткой дня. Дабы понять, как это сделано, надо вспомнить: пространство действия и среда в детективе выполняют прагматическую, а не семантическую функцию [Ревзин 1964][8]. Иными словами, пространство действия и среда описываются в детективах иначе, нежели в других жанрах. Сцена преступления или таинственных событий предстает не в виде романтической либо реалистической картины природы или гостиной, но как описание местности, сохранившей следы какой-то человеческой деятельности. В то-

---

[8] И. И. Ревзин формулирует свои выводы на основе семиотического анализа традиций детектива: «Детектив представляет собой построение, в котором за знаком не стоит никакой реальности... поскольку знак не обладает семантической функцией, связанной со смыслом. Остается лишь синтаксическая и прагматическая функция...»

пографии криминального романа человеческая деятельность объективирована (*versachlicht*) [Heissenbuttel 1964]. Так, в приведенном выше отрывке во внутреннем и внешнем ландшафте Малой Пеши четко запротоколированы поспешное бегство с веранды, признаки того, что по саду прошло огромное животное, и загадочное отсутствие беспорядка в доме, куда животное, предположительно, заходило.

С другой стороны, несмотря на футуристическую технику (пульт управления в кресле, «хромофотоновая копия» и т. д.) и интернационализированный лексикон, ландшафт Малой Пеши обозначает и современную социополитическую среду, важную для глубинного философского сюжета. От описания дачного курорта и окружающего ландшафта веет ностальгией по нетронутым просторам Русского Севера. Не хватает только березок, а в остальном туманные протоки и гигантские сосны очень похожи на карикатурное изображение меланхоличных левитановских пейзажей, один из которых ожидаемо появляется через несколько страниц (процитировано выше). Этот ландшафт, с его пародийными оттенками, не отражает некоего естественного пространства: он служит для описания среды, где важную роль играют русские национальные чувства. Какую именно роль, становится ясно по мере развития сюжета.

Для достоверного описания детективных методов Тойво необходимо воспроизвести его привычку с невыносимой точностью отмечать время, даты и цифры. Как бы там ни было, такая насыщенность рассказа на первый взгляд излишними статистическими данными нарушает плавность изложения. Начинаешь задумываться, стоило ли платить подобную эстетическую цену за правдоподобное описание процесса работы бесстрастного, скучного и фанатичного следователя. Как и следовало ожидать, эстетическая «потеря» оборачивается информационным «приобретением» (когнитивное приобретение может стать в конечном итоге эстетическим).

Вторая часть реконструированной истории начинается в шестой главе романа. Она открывается обилием цифр:

Глава 6
Малая Пеша. 6 мая 99 года. 6 часов утра.
5 мая около одиннадцати вечера в дачном поселке Малая Пеша (тринадцать коттеджей, восемнадцать жителей) возникла паника [Стругацкие 2000–2003, 8: 585].

Совпадение трех шестерок — в названии главы (относится к внешнему повествованию романа), дате и времени (относятся к внутренней истории) — обретает смысл в свете «чрезмерных» статистических подробностей, приведенных в скобках (13 коттеджей, 18 жителей). В главе 13, стихе 18 Откровения написано: «Здесь мудрость. Кто имеет ум, тот сочти число зверя, ибо это число человеческое; число его шестьсот шестьдесят шесть».

Зверь, к которому отсылает Откр. 13: 18, скоро появляется в реконструированной топографии главы 6, написанной в 6 часов утра 6 мая: «...возникла паника. Причиной паники послужило появление в поселке некоторого (неизвестного) числа квазибиологических существ чрезвычайно отталкивающего и даже страшного вида» [Стругацкие 2000–2003, 8: 585].

У зверя, вторгшегося в курортный поселок, по разным описаниям, множество глаз и рогов. Поэтому о звере всегда говорят во множественном числе. Как и в библейском Апокалипсисе, появление зверя (зверей) в Малой Пеше делит население на две группы: избранных и про́клятых. На самом деле в восприятии курортного сообщества это два разных зверя: несколько человек видят в нем часть Божьей армии, одного из четырех животных, «исполненных очей спереди и сзади», описанных в Откр. 4: 6; большинство же видит одного из посланцев Сатаны, ужасного с виду и с множеством рогов, как Зверь из моря, описанный в Откр. 13: 1–10. Последние пребывают от появления зверя в полнейшем апокалиптическом ужасе: «Вы говорите, напугать могут... — процедил он [очевидец], не поднимая глаз. — Если бы — напугать! Они, знаете ли, сломать могут!» [Стругацкие 2000–2003, 8: 584].

Только ребенок и старая дама признают в нем не зверя, но одного из «животных» Божьих, упомянутых в четвертой главе

Откровения. Впрочем, Стругацкие избегают клише, не подчеркивая ни невинность детства, ни мудрость старости *per se* как спасительные свойства. «Спасенных» объединяет не это, а некая неуловимая принадлежность к иным мирам, литературные источники которой можно найти в другом тексте.

Маленький загорелый мальчишка появляется в обезлюдевшей апокалиптической деревне, когда следователи завтракают. Он сообщает следователям, что его зовут Кир и что он вернулся на семейную дачу, дабы забрать свою галеру. Модель галеры мальчика становится лейтмотивом, сопровождающим его до конца главы. Галеру Кира можно рассматривать как игрушечную модель галеры из «Самой удивительной повести в мире» Киплинга, а все остальное в дачном поселке, если смотреть глазами Кира, становится чем-то вроде игрушечной модели мира Киплинга. Как посланник Стругацких из другого вымышленного универсума, персонаж Кира (у Киплинга Ким) олицетворяет чувствительность своего мира. Для него рогатые звери

> добрые, смешные... Они же мягкие, шелковистые такие, как мангусты, только без шерстки... А то, что они большие, — так что же? Тигр тоже большой, так что же, я его бояться должен, что ли? <...> И пахнут они хорошо! <...> Они ягодами пахнут! Я думаю, они ягодами и питаются... Их бы надо приручить, а бегать от них... чего ради? [Стругацкие 2000–2003, 8: 590].

Еще одна обитательница Малой Пеши видит, как и Кир, Агнца вместо зверя. Но характер другого мира старой женщины относится к иной литературной традиции. В то время как Кир оказывается на сцене неловко и комически несвоевременно — заставая инспектора с набитым ртом и недоеденным бутербродом с холодным мясом в руке, — появление старухи больше похоже на материализацию Воланда на Патриарших прудах[9]:

---

[9] Читатели, знакомые с первой главой романа Булгакова «Мастер и Маргарита», согласятся, что в материализации Альбины в полуденном зное, ее дьявольской элегантности и приятном баритоне есть сходство с появлением дьявола перед двумя писателями на Патриарших прудах.

> Солнце уже заметно припекало, на небе не было ни облачка. Над пышной травой площади мерцали синие стрекозы. И сквозь это металлическое мерцанье, подобно диковинному дневному привидению, плыла к павильону величественная старуха с выражением абсолютной неприступности на коричневом узком лице.
>
> Поддерживая (дьявольски элегантно) коричневой птичьей лапой подол глухого снежно-белого платья, она, словно бы и не касаясь травы, подплыла к Тойво и остановилась <...>
>
> — Вы можете звать меня Альбиной, — милостиво произнесла она приятным баритоном [Стругацкие 2000–2003, 8: 591].

Как ни странно, беседа Тойво с представительницей другого мира Альбиной — это именно такой момент повествования, который пересекается с плоскостью размышлений на современные социополитические темы. Старуха видит за страхом обитателей поселка жалкое отражение их собственной духовной бедности:

> Как могло случиться, что в наше время, в конце нашего века, у нас на Земле живые существа, воззвавшие к человеку о помощи и милосердии, не только не обрели ни милосердия, ни помощи, но сделались объектом травли, запугивания и даже активного физического воздействия самого варварского толка? Я не хочу называть имен, но они били их граблями, они дико кричали на них, они даже пытались давить их глайдерами. Я никогда не поверила бы этому, если бы не видела своими глазами. Вам знакомо такое понятие — дикость? Так вот, это была дикость! Мне стыдно.
>
> <...> Так вот, извольте объяснить! Поймите, речь идет не о каких-то там санкциях. Но мы должны понять, как это могло случиться, что люди, еще вчера цивилизованные, воспитанные... я бы даже сказала, прекрасные люди!.. сегодня вдруг теряют человеческий облик! Вы знаете, чем отличается человек от всех других существ в мире?
>
> — Э... разумностью? — предположил Тойво наобум.
>
> — Нет, мой дорогой! Милосердием! Ми-ло-сер-ди-ем! [Стругацкие 2000–2003, 8: 591–592].

Ответ Альбины усиливает библейский подтекст и придает апокалиптическому мотиву иронический оттенок. В ее версии происшествия в Малой Пеше не люди просили у Бога помощи и милосердия от несущего бедствия зверя, но, наоборот, зверь, по мнению Альбины, просил у людей помощи и милосердия, а жители поселка оттолкнули его и оскорбили. Так, упоминание Альбиной «конца нашего века» в равной мере применимо к хронологическому времени и христианской эсхатологии. Когда человеческие сердца не способны оказать помощь и явить милосердие, это означает конец нашего века и пришествие Антихриста. За комедией нравов, на которую походит встреча Тойво с величественной старой дамой, стоит горькое напоминание Стругацких российскому читателю о том, что русское слово «милосердие» десятилетиями отсутствовало в советских изданиях стандартного словаря русского языка.

По мере того как Тойво продолжает расследование, напуганные курортники один за другим возвращаются на свои дачи. Оставшаяся часть истории принимает карнавальный характер, потому что каждый обитатель Малой Пеши появляется, будто прорастая из иного текста.

Обитателями коттеджа № 10 оказываются некто Олег Олегович Панкратов и его жена Зося. Внешне Олег описан как один из богатырей на знаменитой романтической картине В. М. Васнецова «Богатыри». Тойво узнаёт, что Олег испытал по отношению к зверю «отвращение», а не страх, и руками «как лопаты» он выпихнул лезущие в окно студенистые туши обратно в сад. Если Олег — карикатура на русского фольклорного героя, то его жена является карикатурой на утонченную художницу-интеллектуалку. Для того чтобы дистанцироваться от своего инстинктивного страха при виде зверя, Зося создает эстетическую теорию:

> ...эти чудовища <...> были настолько страшны и отвратны, что представлялись своего рода совершенством. Совершенством безобразия. Эстетический стык идеально безобразного и идеально прекрасного. Где-то когда-то было сказано, что идеальное безобразие якобы должно вызывать в нас те же эстетические ощущения, что и идеальная красота. До вчерашней ночи это всегда казалось ей [Зосе] парадоксом. А это не парадокс! Либо она такой уж испорченный человек?.. [Стругацкие 2000–2003, 8: 598].

В самом начале расследования Тойво — в качестве главного подозреваемого, способного спустить невообразимого мультизверя на дачный поселок, — возникает человек по имени Александр Джонатан (по-русски это имя может звучать как Иоанн, сокращенно Ян) Флеминг. Флеминг — руководитель биоинженерной лаборатории недалеко от Малой Пеши. Тойво предполагает, что зверь мог оказаться сбежавшим порождением биогенетической технологии Флеминга. Обитатели коттеджа № 7 возвращаются с мешком «крабораков» (биогибрид из лаборатории Флеминга), кулинарным деликатесом, который бывает, по их утверждению, «только одной свежести, а именно самой первой» (в романе Булгакова «Мастер и Маргарита» в знаменитой сцене точно такими же словами описывается осетрина). За прямой отсылкой к Булгакову следует шутливое обращение к А. Н. Толстому, автору «Золотого ключика» — русской версии сказки о Пиноккио. Одного из двух отдыхающих гурманов зовут Лев Николаевич Толстов, что звучит очень похоже на имя знаменитого родственника Алексея Толстого. И в карнавальном духе он предстает шутовской фигурой из «Золотого ключика» — «старым добрым Дуремаром только что из пруда тетки Тортилы — длинный, длинноволосый, длинноносый, тощий, в неопределенной хламиде, облепленной подсыхающей тиной» [Стругацкие 2000–2003, 8: 586].

Еще один карнавальный поворот: этот Л. Н. Толстов работает в местном филиале лаборатории Флеминга, то есть он может разнести в пух и прах теорию о том, что зверь, побывавший в Малой Пеше, выведен искусственно. Его речь одновременно влияет на развитие внешнего сюжета (ясно, что Тойво теперь должен отказаться от простого объяснения происхождения зверя) и служит металитературным комментарием относительно неправдоподобия науки в большинстве произведений научной фантастики.

> Да вы понимаете, о чем говорите? Вы имеете хоть какое-то представление о предмете? Вы вообще видели когда-нибудь искусственное существо? Ах, только в хронике? Так вот, нет и не может быть искусственных существ, которые способны заби-

раться через окна в спальни людей. <...> Вы бы хоть попытались прикинуть, какая энергия нужна эмбриофору, чтобы развиться в такую массу хотя бы и за час [Стругацкие 2000–2003, 8: 589].

Смысл разнородных межтекстовых аллюзий не вполне ясен, но общая бурлескная бессвязность и пародийный портрет самого Толстого в частности позволяют предположить сознательную отсылку к творчеству русского абсурдиста Даниила Хармса[10]. Отсюда можно предварительно заключить: Стругацким стиль русских абсурдистов кажется более подходящим для конца XX века, чем высокопарный стиль писателей-символистов. Понятно и то, что Откровение Иоанна Богослова влияет на пространство, в котором происходит расследование Тойво. Внутренний рассказ о Малой Пеше, скрывающийся под маской научной фантастики, — это фантастическая притча о реакции человечества на пришествие Антихриста.

В заключительной сцене внутреннего рассказа Максима «второе пришествие» полностью лишено не только религиозного налета, но даже каких бы то ни было революционных или мистических оттенков. Последний раз мы видим Дуремара-Толстова, когда он, крайне озабоченный, в большой спешке покидает коттедж № 7 и приостанавливается, чтобы визгливым фальцетом провопить: «Да вернусь я! Скоро!» (пародийная отсылка к словам Господа в Откр. 22:7: «Се, гряду скоро»). Возвращение Дуремара-Толстова походит на фрагмент фильма «Полиция Майами. Отдел нравов» — и нельзя сказать, что совсем не согласуется с его межтекстовой связью с Яном Флемингом:

И тут тень пала на Малую Пешу, и пространство вокруг наполнилось бархатистым курлыканьем, и бомбой вылетел из-за угла павильона растревоженный Базиль, на ходу напяливая свою

---

[10] Даниил Хармс (1905–1941) вместе с Александром Введенским в конце 1920-х образовали ядро существовавшего недолгое время «абсурдистского» движения. Оба писателя умерли в тюрьме в 1941 году, и самиздатовские копии их произведений начали распространяться только через два десятилетия. В самиздате ходили хорошо всем известные анекдоты о Л. Н. Толстом, приписывавшиеся Хармсу.

куртку, а солнце вновь уже воссияло над Малой Пешей, и на площадь величественно, не пригнув собою ни единой травинки, опустился, весь золотистый и лоснящийся, словно гигантский каравай, псевдограв класса «пума», из самых новых, суперсовременных, и тотчас же лопнули по обводу его многочисленные овальные люки, и высыпали из них на площадь длинноногие, загорелые, деловитые, громкоголосые, — высыпали и потащили какие-то ящики с раструбами, потянули шланги с причудливыми наконечниками, засверкали блицконтакторами, засуетились, забегали, замахали руками, и больше всех среди них суетился, бегал, размахивал руками, тащил ящики и тянул шланги Лев-Дуремар Толстов, все еще в одеждах, облепленных засохшей зеленой тиной [Стругацкие 2000–2003, 8: 600–601].

Сложно всерьез воспринимать завершение рассказа о Малой Пеше. Во внутреннем рассказе успешно моделируется кризисная ситуация с апокалиптической подоплекой, однако не предлагается выхода. Выбор на роль Спасителя облепленного тиной Дуремара-Толстова карикатурен, но все же не так опошляет содержание апокалиптической притчи, как ее современный стиль. За исключением Альбины и Кира, протестированный сегмент человечества совершенно не способен осмыслить проводимый над ним опыт. В романе «Волны гасят ветер» Стругацкие заимствуют жанр апокалиптических сочинений, но отказываются от помпезного и революционного духа своих образцов.

Лжепророк ислама

Современные романисты, использующие метод префигурации для авторских комментариев, обычно выбирают в качестве прообраза некий достаточно простой и знакомый культурный мотив, от которого потом может отклоняться современный текст. Очевидно, что чем привычнее для читателя префигуративный мотив — происходит ли он из религиозной либо классической мифологии или из «новых мифологий» поп-культуры — тем сильнее он влияет на то, как читатель понимает современный текст. Из трех префигуративных мотивов, рассматриваемых в данной главе, легенда о Пестром Дудочнике считается наиболее общеизвестной в европейской культуре; более того, она уже использовалась в этом качестве в русской литературе XX века — в сатирической поэме М. И. Цветаевой «Крысолов»[11]. Также, несмотря на официально пропагандируемый государством на протяжении жизни трех поколений атеизм (и дефицит Библий), Стругацкие могли рассчитывать, что часть читателей узнает евангельскую историю или хотя бы ее центральную фигуру. Тем не менее в своем последнем романе «Отягощенные злом, или Сорок лет спустя» Стругацкие явно решили сознательно изменить ситуацию, перейдя к менее знакомым читателю источникам. Сюжет, картины и система образов «Отягощенных злом» во многом определяются сетью префигуративных мотивов, вплетенных авторами в фантастическую историю. В этом случае, однако, большинство префигуративных схем, которым следовало бы помогать читателю в понимании текста, незнакомы ему и непросты. Любопытным способом переворачивая дидактическую функцию префигурации, вместо того чтобы полагаться на хорошо известный мотив, которым заменяются прямые авторские комментарии, Стругацкие знакомят читателя с малоизвестными или забытыми текстами и заставляют его заново открыть источник литературного прообраза.

Некоторые из наиболее сложных текстов совсем недолго выступают в качестве префигураций для какой-то одной сцены либо системы образов. В приведенном ниже примере рассказ ведется от лица выпускника провинциального советского педагогического лицея в XXI веке. Он выезжает на практику с учителем (о котором говорят обычно, произнося только инициалы — Г. А.) и еще одним студентом-педагогом. Они отправляются в лагерь коммуны местных представителей контркультуры и видят, как два члена группы совокупляются, пока их лидер проповедует пассивность и безучастие перед лицом организо-

---

[11] Полный разбор мотива Пестрого Дудочника в поэме Цветаевой см. в [Wytrzens 1981].

ванного мира. За описанием этой сцены непосредственно проглядывает другой текст, на который сам рассказчик и ссылается:

> Мне сделалось невыносимо стыдно. Я опустил глаза и не мог больше поднять их. Особенно мучительно было сознавать, что всё это видят и Мишка, и Г. А. За фловеров мне тоже было стыдно, но их-то как раз всё это совсем не шокировало. Я видел, как некоторые поглядывали на совокупляющуюся пару с любопытством и даже с одобрением.
>
> «Внезапно из-за кустов раздалось странное стаккато, звук, который я до сих пор не слышал, ряд громких, отрывистых О́—О-О; первый звук О был подчеркнутый, с ударением и отделён от последующих отчетливой паузой. Звук повторялся вновь и вновь, а через две или три минуты я понял, что было его причиной. Ди Джи спаривался с самкой».
>
> Вопрос: откуда? Ответ: Джордж Б. Шаллер, «Год под знаком гориллы» [Стругацкие 2000–2003, 9: 36].

Отсылка к исследованию Шаллера о поведении приматов не оторвана от контекста и не случайна, поскольку проходит как часть серии аллюзий, расставленных по всему роману. Тема данной серии — противоречие между биологическим (материалистическим) и духовным (идеалистическим) определениями *Homo sapiens*. Исходя из этого, роман обыгрывает сходства и различия между постмодернистским научным дискурсом (рассказчик и главный герой — астрофизик) и гностицизмом. В основе системы верований, которой придерживались гностики, лежат первичность трансцендентного человеческого знания (получаемого через мистическое и эзотерическое откровение) и представление о том, что зло свойственно всей материи.

Гностический мотив, заявленный уже в названии романа, служит источником большинства его фантастических образов. Чтобы читатель не упустил важность гностического мотива для метафизического спора, разворачивающегося в романе, в предисловии рассказчик ссылается на первоисточник.

> Помнится, Георгий Анатольевич рассказал мне, что рукопись эта была несколько лет назад обнаружена при сносе старого здания гостиницы — общежития Степной обсерватории, ста-

рейшего научного учреждения нашего региона. Рукопись содержалась в старинной картонной папке для бумаг, завернутой в старинный же полиэтиленовый мешок, схваченный наперекрест двумя тонкими черными резинками. Ни имени автора, ни названия на папке не значилось, были только две большие буквы синими чернилами: О и З.

Первое время я думал, что это цифры «ноль» и «три», и только много лет спустя сообразил сопоставить эти буквы с эпиграфом на внутренней стороне клапана папки: «...у гностиков ДЕМИУРГ — творческое начало, производящее материю, отягощенную злом». И тогда показалось мне, что «ОЗ» — это, скорее всего, аббревиатура: Отягощение Злом или Отягощенные Злом, — так свою рукопись назвал неведомый автор. (С тем же успехом, впрочем, можно допустить и то, что ОЗ — не буквы, а все-таки цифры. Тогда рукопись называется «ноль-три», а это телефон «Скорой помощи», — и странное название вдруг обретает особый и даже зловещий смысл.) [Стругацкие 2000–2003, 9: 9].

Рассказчик чередует отрывки из своего собственного дневника (датируемого серединой XXI века) с отрывками из таинственной рукописи, которую дал ему учитель. Предполагается, что сама рукопись — дневник астронома, работавшего 40 лет назад, в последнее десятилетие XX века, в Степной обсерватории. В дневнике астронома описывается посещение провинциального советского городка Ташлинска Демиургом и Вечным жидом. Вымышленное название города можно истолковать как соединение Ташкента и Минска, то есть как символический микрокосм Советского Союза, с севера на юг и с востока на запад. Дневник астронома относится к нашему (читателя) настоящему времени, но преподносится в качестве исторического документа.

Вечный жид предстает в романе под именем Агасфера Лукича, русифицированной версии его традиционного имени Ахашверош. О его присутствии предупреждает один из двух эпиграфов к роману, гласящий: «Симон же Петр, имея меч, извлек его, и ударил первосвященнического раба, и отсек ему правое ухо. Имя рабу было Малх. Евангелие от Иоанна».

Один из двух основополагающих мотивов легенды о Вечном жиде — это мотив оскорбления или обиды, нанесенных Спасителю неким служителем первосвященника (Ин. 18: 22), которого стали отождествлять с его же рабом Малхом. Оскорбивший Христа в наказание обречен вечно странствовать. Мотив вечного странствования был взят из предания о святом Иоанне Богослове: согласно этому преданию, Иоанн никогда не умирал. Так, Христос сказал: «...если Я хочу, чтобы он пребыл, пока приду, что тебе до того?» (Ин. 21: 23), и в предании «ученик, которого любил Иисус» (Ин. 21: 20) не умер ни в Эфесе, ни в изгнании на острове Патмос. Поэтому его образ ожидающего (второго пришествия) странника (сквозь времена) сливается с легендой о Вечном жиде [Anderson 1965: 12–14].

Вечный жид конца XX века выступает на сатирико-фантастическом уровне текста Стругацких шутовским персонажем, любителем поесть и выпить, подобно Бегемоту в «Мастере и Маргарите». В Ташлинске он выдает себя за страхового агента и селится в номере той же гостиницы-общежития, где живет астроном. Истории, которыми он развлекает товарищей по общежитию — и которые астроном исправно записывает в дневнике, — это на самом деле пересказ легенды о святом Иоанне. Иными словами, рассказ Агасфера Лукича от первого лица (автобиографический) о своей деятельности в Эфесе и на острове Патмос превращается астрономом в записанную от третьего лица речь.

У последующих странствий Агасфера во времени имеются префигурации в виде других текстов. Удивительно, что один эпизод в жизни Агасфера (и в сюжете «Отягощенных злом») основывается на научной статье, впервые опубликованной в 1922 году выдающимся русским востоковедом В. В. Бартольдом [Бартольд 1966].

История о «лжепророке ислама» рассказывается в трех последовательных записях в рукописи астронома. На первый взгляд, появление в общежитии араба из VII века и последующий бой между ним и Агасфером не на жизнь, а на смерть не более чем еще один живописный эпизод в бесконечном пребывании Вечного жида на земле. Чтобы лучше понять историю «лжепророка ислама» и многочисленных заимствований из арабского языка, которые Стругацкие вставили в эту сцену, полезно взглянуть на необычный источник упомянутой литературной префигурации.

В статье «Мусейлима» Бартольд воссоздает на основе скудных доступных данных роль религиозно-политического лидера Йемамы в общей *ридде*, или «отпадении от ислама», охватившей Аравийский полуостров вскоре после смерти Мухаммеда. В течение нескольких лет перед объединением всей Аравии под знаменем ислама некоторые племена поддерживали других пророков, соперников Мухаммеда. Мусейлима был самым выдающимся из «лжепророков». Судя по всему, он стоял во главе оседлого племени бену-ханифа — части крупного племенного союза, противостоящего главным силам Мухаммеда. Мусейлима попытался заключить союз с «лжепророчицей» Саджах. Один «крайне подозрительный» источник описывает союз Мусейлимы и Саджах как распутную связь, а их предполагаемая свадьба завершается «сладострастной оргией». Именно эту версию использовали Стругацкие, хотя Бартольд, Д. Ф. Айкельман и «большинство европейских источников сходятся в том, что эта история была придумана позже, дабы скомпрометировать обоих» [Eickelman 1967: 45]. Все источники свидетельствуют о том, что Саджах не участвовала в решающей битве при Акрабе в 634 году, когда войска Мусейлимы были разгромлены, а сам он погиб.

Огромный авторитет Мусейлимы, по мнению Айкельмана, отчасти происходил из его особого владения языком:

> В отличие от обычной речи, прозаической, откровения Мусейлимы принимают форму клятв с использованием необычных слов или образов, иначе *саджей* — короткой ритмической прозы с одиночными либо, реже, чередующимися рифмами. <...> Всякий претендующий на связь со сверхъестественным в Аравии VII века был должен, по крайней мере в начале своей карьеры, показать, что владеет традиционной узнаваемой формой связи со сверхъестественным. Все речи, происхождение которых относили к невидимым силам или как-то ассоциировали с этими силами, а именно проклятия, благословения, предсказания, заклинания, озарения и откровения, должны были выражаться *саджами* [Eickelman 1967: 36].

Бартольд вольно цитирует арабские саджи, или стихотворные откровения, в русских переводах. Стругацкие слово в слово заимствовали эти цитаты в своем тексте.

В «Отягощенных злом» в общежитии, где остановились Демиург и Вечный жид, появляется Муджжа ибн Мурара, который, по Бартольду, возглавлял крошечный отряд войск Мусейлимы в битве при Акрабе. Все люди Мусейлимы были убиты, кроме Муджжи, «что уже само по себе свидетельствует о его готовности быть полезным мусульманскому войску» [Бартольд 1966: 569–570]. Иначе говоря, исторический Муджжа ибн Мурара предал «лжепророка» Мусейлиму, а потом вскорости вновь «сменил шкуру», обманув на сей раз и войска истинного пророка Мухаммеда.

Первая часть истории Стругацких начинается с пробуждения астронома посреди ночи из-за громкого крика, что «рабу не дано сражаться, его дело — доить верблюдиц и подвязывать им вымя» [Стругацкие 2000–2003, 9: 159]. Голос принадлежит посетителю, который обращается с этим странным заявлением к Агасферу Лукичу. Последнему явно пришлось подняться прямо с постели, чтобы преградить посетителю вход в приемную Демиурга. Вечный жид XX века, воплотившийся в образе провинциального советского страхового агента, предстал, по наблюдению рассказчика, в следующем виде: «...из-под рубашки торчал угол черного шерстяного платка, коим Агасфер Лукич оснащал на ночь поясницу в предчувствии приступающего радикулита, он даже накладное ухо свое не нацепил» [Стругацкие 2000–2003, 9: 159].

Само упоминание об искусственном ухе, а не более привычной искусственной челюсти приводит на ум тот факт, что Вечный жид также связан в некоторых вариантах легенды с рабом Малхом, чье ухо было отсечено Симоном-Петром. С тех пор он так и странствовал сквозь время, поэтому легко узнал посетителя из Аравии VII века. Ничуть не смутившись из-за услышанного, он немедленно отвечает цитатой, в равной мере загадочной для рассказчика (и читателя), но вполне понятной для посетителя: "Свои пашни обороняйте, ищущему милости давайте убежище, дерзкого прогоняйте". Почему ты не говоришь мне этих слов, Муджжа ибн-Мурара?»

В каком контексте мы находим те же самые слова у Бартольда?

> ...Засевающие пашню, собирающие жатву, молотящие пшеницу, мелющие муку, пекущие хлеб, разрезающие его на куски, съедающие куски с жиром и топленым маслом, вы лучше людей войлока (кочевников) и не хуже людей глины (горожан); свои пашни обороняйте, ищущему милости давайте убежище, дерзкого прогоняйте [Бартольд 1966: 566].

Племя бену-ханифа, обитавшее в Йемаме, занималось преимущественно земледелием и обычно состояло во враждебных отношениях с соседними племенами кочевников. Мусейлима как религиозный и политический правитель йемамитов произнес приведенное выше «откровение», прославляющее его оседлых земледельцев. В рукописи ОЗ посетитель сталкивается с Агасфером, в прошлом приближенным исламского «лжепророка». Посетитель, Муджжа ибн Мурара, когда-то предал Мусейлиму в битве при Акрабе. Сейчас он хочет добиться приема Демиурга (для него он Милостивый, исламский Рахман) и получить прощение за свои грехи. Диалог Агасфера и Муджжи ибн Мурара выглядит как фантастическая смесь из непонятных (вначале) исламских клятв, экзотики в стиле «Тысячи и одной ночи» и преувеличенной жестокости: «Клянусь самумом жарким и верблюдом безумным, я отрублю тебе сейчас второе ухо моим йеменским клинком!» [Стругацкие 2000–2003, 9: 161].

Посетитель угрожает Агасферу. Агасфер отвечает, вызывая сонм арабских призраков и духов. Рассказчик поясняет: «Кто-то часто задышал у меня над ухом. Я оглянулся. Ифриты и джинны были тут как тут. Вся бригада в полном составе. Тоже, наверное, проснулись и сбежались на крики. Все были дезабилье...» [Стругацкие 2000–2003, 9: 162].

Атмосфера причудливой экзотической магии, выраженная посредством сочетания советских клише и крепких словечек, сгущается к концу эпизода в темную смесь эротизма и страсти. Гость из прошлого напоминает Агасферу, что в другом воплощении, в облике сторонника Мусейлимы, его предала Саджах, играющая здесь роль роковой женщины:

— <...> твоя Саджах нацарапала эту записочку, сидя на могучем суку моего человека. Ты знаешь его — это Бара ибн-Малик, горячий и бешеный, как хавазинский жеребец, вскормленный жареной свининой, искусный добиваться от женщин всего, что ему нужно. А нужно ему было тогда, чтобы дьявол Раххаль, терзаемый похотью, покинул войско Мусейлимы на чаше верных весов!

И сейчас же, без всякой паузы:

— Ты позволил себе недозволенное <...>

<...> мелькнуло на мгновение длинное узкое лезвие, раздался странный чмокающий звук... храп раздался, наподобие лошадиного, и страшный плеск жидкости, свободно падающей на линолеум [Стругацкие 2000–2003, 9: 164].

В некоторых фрагментах статьи Бартольда также предвосхищаются детали пространства действия Стругацких. Например, у Бартольда мы находим:

Так, у Табари из главного, хотя, как известно, отнюдь не достоверного сочинения об отпадении, из труда Сейфа, приводится разговор между Мусейлимой и арабом из родственного ханифитам племени: «Кто приходит к тебе?» Мусейлима ответил: «Рахман». — «При свете дня или в темноте?» — «В темноте». — «Я свидетельствую, что ты — лжец, Мухаммед говорил правду; но лжец из раби́итов мне милее говорящего правду из мударитов» [Бартольд 1966: 562].

В сцене столкновения между Агасфером и его противником Муджжой ибн Мураром в «Отягощенных злом» само содержание префигуративного текста не имеет значения, но его форма приспособлена для целей авторов. Вопрос: «При свете дня или в темноте?» — превращается у Стругацких в один из аспектов загадочного пространства. Муджа ибн Мурара стоит на пороге между лестничной площадкой общежития и приемной Демиурга. Дверной проем размыт так, что становится простым зияющим треугольником, разделяющим свет в комнате и темноту за ним там, где должна была располагаться лестничная площадка. Пол прихожей покрыт зеленым линолеумом (советский быт XX века), а посетитель стоит на «роскошном цветастом ковре» (реалия

Аравии VII века), угол которого высовывается за порог, на линолеум. Пространственное изображение двух разных по времени миров приобретает тут кинематографические черты. Посетитель через плечо смотрит назад в темноту, в историческую Аравию, как будто слушая голос откровения. Игра света и тени служит декорацией для диалога, основанного на статье Бартольда:

> Муджжа ибн-Мурара непроизвольно облизнул пересохшие губы и, словно бы ожидая подсказки, оглянулся через жирное плечо в темноту треугольного проема. <...>
> — Я свидетельствую: ты лжешь... — прохрипел толстяк, не получивший из тьмы никакого подкрепления [Стругацкие 2000–2003, 9: 160].

Я выбрала именно этот пример использования Стругацкими литературной префигурации, потому что он показывает границы, в которых данный прием можно успешно применять. Хотя в этом случае современный текст и основывается на некой схеме прогнозирования, он теряет бóльшую часть смысла, заложенного в самом приеме. Ни статья Бартольда, ни его ключевая тема не относятся к культурной мифологии, знакомой большинству европейских и российских читателей. «Отягощенные злом», по словам Бориса Стругацкого (в частном разговоре 1989 года), были задуманы как «роман о трех Христах». Самый известный и устойчивый префигуративный мотив в романе — жизнь Христа, рассматриваемая через систему образов Г. А., Демиурга и исторического Иисуса (по воспоминаниям Агасфера Лукича). Но это в равной степени и роман о лжепророках. После двух тысячелетий христианства человечество, описанное в романе, меньше, чем когда-либо, готово ко второму пришествию. Каждой фигуре Христа противостоит лжепророк — это Сталин, Гитлер, панковский лидер в контркультурной коммуне и — в менее ясной префигурации, рассмотренной выше, — лжепророк ислама.

Глава третья
Апокалиптические пространства

> Двадцать первый век на пороге. Коммуналка. Тоска. И над всем этим — черным фломастером по белому кафелю кухонной стены — напоминание: «Lasciate ogni speranza».
>
> *А. и Б. Стругацкие. Отягощенные злом*

Круги Дантова ада

«Град обреченный» был закончен в 1975 году, но впервые напечатали его в 1988 году. Это роман в шести частях. Каждая часть соответствует этапу в эволюции сознания героя. На самом деле духовное путешествие героя начинается уже после его смерти, поскольку город, в котором происходит действие романа, расположен на том свете. С первых страниц мы узнаём, что все его жители в момент смерти согласились принять участие в некоем Эксперименте, после чего сразу очутились в городе. В результате они попали сюда из разных географических точек и из разных исторических моментов, хотя все говорят по-русски и все прибыли из относительно недавнего — после Второй мировой войны — времени. Большинство горожан не помнят о своей прошлой жизни; исключения, которые рассматриваются ниже, подтверждают правило — отсюда их огромное значение как носителей культурной памяти.

Социально-политическая культура города явно слеплена из элементов советской и китайской тоталитарных систем, смешанных с немецким нацизмом. (Это не очень корректное определение; предлагаю заменить словосочетание на просто «нацизм».) Внутри этой культуры существуют группы диссидентов, но можно также сотрудничать с режимом и подняться к вершинам власти. Главный герой, Андрей, в начале своей жизни-после-смерти работает простым мусорщиком вместе с американцем и китайцем. У него появляется любовница, которая в «реальном» мире, очевидно, была избалованной гражданкой упаднического скандинавского общества. Американец становится диссидентом и в итоге погибает, а Андрей, сменяя профессии, поднимается по карьерной лестнице, становится редактором крупной газеты, а потом — после фашистского переворота — высокопоставленным городским чиновником. Хроника его пути наверх излагается в первых четырех из шести частей книги. Власть и статус он обретает пассивно; он не потворствует насилию и расизму, но и не противостоит им открыто. На его бывшей любовнице, а теперь жене также лежит вина за главное преступление Андрея — бездумный конформизм. Только остроумному и эксцентричному еврейскому интеллигенту, другу Андрея Изе Кацману, удалось пережить все перемены в политической обстановке города, искусно используя свой образ «придворного шута». Его неряшливая одежда, чрезмерная возбудимость и шаблонное поведение служат безопасным и остроумным прикрытием для его огромной эрудиции и любознательности.

В пятой части «Града обреченного» Андрей оставляет пост чиновника фашистского режима, чтобы отправиться в экспедицию на край света (к Антигороду) с Изей. В шестой части он проходит полный круг, поскольку сюжет замыкается сам в себе, как лента Мёбиуса: и Андрей, и Изя умирают в конце своего путешествия, но в последней сцене вновь оказываются в родном Ленинграде. Загадочный Наставник, который появлялся перед Андреем в переломные моменты его путешествия, приветствует его по возвращении из потустороннего мира:

— Ну, вот, Андрей, — произнес с некоторой торжественностью голос Наставника. — Первый круг вами пройден.
Лампа под зеленым стеклянным абажуром была включена, и на столе в круге света лежала свежая «Ленинградская правда»

с большой передовой под названием: «Любовь ленинградцев к товарищу Сталину безгранична». <...>

Андрей бесцельно разгладил газету и сказал:

— Первый? А почему — первый?

— Потому что их еще много впереди, — произнес голос Наставника.

Тогда Андрей, стараясь не смотреть в ту сторону, откуда доносился голос, поднялся и прислонился плечом к шкафу у окна. Черный колодец двора, слабо освещенный желтыми прямоугольниками окон, был под ним и над ним, а где-то далеко наверху, в совсем уже потемневшем небе горела Вега. Совершенно невозможно было покинуть все это снова, и совершенно — еще более! — невозможно было остаться среди всего этого. Теперь. После всего.

— Изя! Изя! — пронзительно прокричал женский голос в колодце. — Изя, иди уже ужинать!.. Дети, вы не видели Изю?

И детские голоса внизу закричали:

— Иська! Кацман! Иди, тебя матка зовет!..

Андрей, весь напрягшись, сунулся лицом к самому стеклу, всматриваясь в темноту. Но он увидел только неразборчивые тени, шныряющие по мокрому черному дну колодца между громоздящимися поленницами дров [Стругацкие 2000–2003, 7: 517–518].

По мере развития действия романа Наставник проводит Андрея через несколько кругов ада только для того, чтобы вернуть его к земному существованию «после всего». С другой стороны, финальная сцена очевидно предшествует основному действию романа, поскольку в ней Изя еще ребенок, а ленинградцы еще испытывают безграничную любовь к Сталину. Андрей скоро умрет — вероятно, в одном из сталинских лагерей, «между громоздящимися поленницами дров», — и в тот же момент окажется на первой странице романа мусорщиком «Града обреченного».

Наставник ссылается на концентрические круги ада Данте, и эта ссылка обретает новый смысл в свете особенностей устройства ленинградских многоквартирных домов в конце 1930-х. Из сравнения русской городской архитектуры XIX века с ее высокими, мощными зданиями, окружающими центральный двор, и вертикальной структуры дантовского ада можно вывести ряд параллелей. Ад Данте, воронкообразная яма, показывает, как зло может проникать все глубже и глубже в душу. При совмещении топографий ада Данте и романа Стругацких обычная уличная жизнь города под управлением Сталина приравнивается к дну ада, за исключением скрытого намека на то, что колодец намного глубже, чем может охватить взгляд Андрея. Жерло ада предстает в образе концентрационного лагеря: «...неразборчивые тени, шныряющие по мокрому черному дну колодца между громоздящимися поленницами дров»¹. С другой стороны, звезда Вега высоко над отвесными сторонами зданий похожа на «яркую планету», внушающую надежду поэту Данте, когда он впервые сходит с верного пути в темный лес, ведущий в ад. Вступление Андрея на тропу в ад можно сравнить с путешествием Данте по загробному миру:

> Земную жизнь пройдя до половины,
> Я очутился в сумрачном лесу,
> Утратив правый путь во тьме долины.
> <...>
> Не помню сам, как я вошел туда,
> Настолько сон меня опутал ложью,
> Когда я сбился с верного следа (I, 1–3, 10–13) [Данте 1967: 9]².

В первой главе третьей части «Града обреченного» Андрея выбросило из фантастического Красного Здания на городскую площадь. Красное Здание появляется по ночам в разных районах города, как будто существуя по собственному желанию в разных местах и в разных временах. Хотя у Андрея однозначно болит ушибленный лоб, реальность или нереальность обстоятельств, при которых он ушибся, не столь однозначна. Ему бы хотелось считать, что он не был внутри блуждающего Красного Здания:

---

¹ Грузинский кинорежиссер Т. Е. Абуладзе использует тот же пугающий образ в своем фильме «Покаяние», когда жена и дочь узника ГУЛАГа ищут среди огромных поленниц дров следы близкого человека.

² Все цитаты из Данте приводятся по переводу М. Л. Лозинского. Ссылки даны на песни и строки. — *Примеч. пер.*

> Он сидел на скамейке перед дурацкой цементной чашей фонтана и прижимал влажный, уже степлившийся платок к здоровенной, страшной на ощупь, гуле над правым глазом. Света белого он не видел, голову ломило так, что он опасался, не лопнул ли череп... Впрочем, все это, может быть, было даже и к лучшему. Все это придавало происходящему отчетливо выраженную грубую реальность. Не было никакого Здания... а просто брел человек в темноте, зазевался да и загремел через низенький цементный барьер прямо в идиотскую чашу, треснувшись дурацкой своей башкой и всем прочим о сырое цементное дно... [Стругацкие 2000–2003, 7: 255].

Прообраз «реалистической» версии случившегося с Андреем можно частично найти у Данте. Мы знаем из первой части романа, что Андрей попадает в «град обреченный», «земную жизнь пройдя до половины». Во второй части он потерялся в темноте и из-за крайней усталости споткнулся о цементное препятствие — современный урбанистический эквивалент корня дерева в лесу (это также инвертированная ссылка на божественный фонтан рая). Физические параллели между двумя историями обретают смысл из-за параллелей на духовном плане. Хотя нижняя часть ада Данте населена историческими или легендарными персонажами, расплачивающимися за свои многочисленные преступления, они также выступают как *аллегорические* фигуры, представляющие потенциальную склонность к злу, свойственную душе самого поэта и любой другой душе. Мы серьезно упростим аллегорию, но не ошибемся, сказав, что, пока человек не признает собственный внутренний ад, никакому обществу, стране или человечеству в целом не достичь гармонии рая, а в светском смысле — социальной утопии. В проводники Данте по аду выбран Вергилий, поскольку он представляет вместе и культурные, и художественные достижения западной цивилизации. Его искусство, философия и мораль не могут сами по себе открыть врата рая, но они могут пробудить грешную душу и вывести ее на праведный путь спасения.

Эпическая поэма Данте — это еще и горькая политическая жалоба на тяжелое социально-политическое положение в Италии XIII века. В своем предисловии к английскому переводу «Божественной комедии» Дороти Сейерс объясняет обеспокоенность Данте политической ситуацией как «протест против движения в сторону теократии... попытки установить Царство Божие здесь и сейчас в виде церковно-политической структуры» [Dante 1986: 46]. Масштабная двойная структура эпической поэмы Данте утверждает взгляд на историю как процесс искупления во времени и на спасение как процесс искупления вне времени. Данте протестует против гуманистической по сути попытки поместить Царство Божие не в вечности, а во времени. Как проницательно отмечает один из персонажей Стругацких, «идеи коммунизма сродни идеям раннего христианства». Предположим тогда, что в «Граде обреченном» Стругацкие решили вновь провести главного героя через круги Дантова ада, пытаясь найти объяснение тому, почему у человечества в XX веке не получается искоренить фашизм, сталинизм и расизм из своей души — и из реальности своих временных «царств». Если мы продолжим проводить наиболее показательные параллели между двумя текстами, то заметим забавные различия в космологии Данте и Стругацких.

Когда Андрей приходит в себя около цементного фонтана, там появляется его первый «проводник» в лице ученого старика, чьи речи подтверждают межтекстовые связи между «Божественной комедией» Данте и «Градом обреченным».

— Ну хорошо, — сказал человечек ясным старческим голосом. <...>
— А дальше? — настаивал старик.
— Не знаю, — сказал Андрей, подумав. — Может быть, еще какая-нибудь гадость появится. Эксперимент есть Эксперимент. Это — надолго.
— Это — навечно, — заметил старик. — В согласии с любой религией это — навечно.
— Религия здесь ни при чем, — возразил Андрей.
— Вы и сейчас так думаете? — удивился старик.
— Конечно. И всегда так думал.
— Хорошо, не будем пока об этом. Эксперимент есть Эксперимент, веревка — вервие простое... здесь многие так себя

утешают. Почти все. Этого, между прочим, ни одна религия не предусмотрела. Но я-то о другом. Зачем даже здесь нам оставлена свобода воли? Казалось бы, в царстве абсолютного зла, в царстве, на вратах которого начертано: "Оставь надежду..."»

Андрей подождал продолжения, не дождался и сказал:

— Вы все это себе как-то странно представляете. Это не есть царство абсолютного зла. Это скорее хаос, который мы призваны упорядочить. А как мы сможем его упорядочить, если не будем обладать свободой воли?

— Интересная мысль, — произнес старик задумчиво. — Мне это никогда не приходило в голову. Значит, вы полагаете, что нам дан еще один шанс? Что-то вроде штрафного батальона — смыть кровью свои прегрешения на переднем крае извечной борьбы добра со злом...

— Да при чем здесь — «со злом»? — сказал Андрей, понемногу раздражаясь. — Зло — это нечто целенаправленное...

— Вы — манихеец! — прервал его старик.

— Я — комсомолец! — возразил Андрей, раздражаясь еще больше и чувствуя необыкновенный прилив веры и убежденности. — Зло — это всегда явление классовое. Не бывает зла вообще. А здесь все перепутано, потому что — Эксперимент. Нам дан хаос. И либо мы не справимся, вернемся к тому, что было там, — к классовому расслоению и прочей дряни, — либо мы оседлаем хаос и претворим его в новые, прекрасные формы человеческих отношений, именуемые коммунизмом...

Некоторое время старик ошарашенно молчал.

— Надо же, — произнес он наконец с огромным удивлением. — Кто бы мог подумать, кто бы мог предположить... Коммунистическая пропаганда — здесь! [Стругацкие 2000–2003, 7: 257–258].

Юмор ситуации заключается в разнице между тем, как Андрей воспринимает, где он и кто он, и тем, как это воспринимает старик, который «в теме». Андрей все еще считает себя комсомольцем в мире живых («реальном» мире), тогда как старик знает, что оба они тени в загробном мире. Однако загробный мир Стругацких не полностью вымышлен и фантастичен. Наоборот, он соприкасается с миром Андрея и обладает осязаемостью эмпирической реальности, — прежде всего, в нем сохраняются многие произведения искусства. Например, старик без затруднения определяет местоположение фантасмагоричного Красного Здания в бренном мире, таким образом «объясняя» его наличие в мире загробном:

> — Его трудно не узнать, — тихо сказал старик. — Раньше, в той жизни, я не раз видел его изображения и описания. Он подробно описан в откровениях святого Антония. Правда, этот текст не канонизирован, но сейчас... Нам, католикам... Словом, я читал это. «И еще являлся мне дом, живой и движущийся, и совершал непристойные движения, а внутри через окна я видел в нем людей, которые ходили по комнатам его, спали и принимали пищу...» Я не ручаюсь за точность цитирования, но это очень близко к тексту... И, разумеется, Иероним Босх... Я бы назвал его святым Иеронимом Босхом, я многим обязан ему, он подготовил меня к этому... — Он широко повел рукой вокруг себя. <...>
>
> — <...> Я очень и очень многое узнаю здесь, и у меня сжимается сердце, когда я думаю о других, кто прибыл сюда и не понимает, не в силах понять, где они оказались. Мучительное непонимание сущего и вдобавок мучительные воспоминания о грехах своих. Возможно, это тоже великая мудрость Творца: вечное сознание грехов своих без осознания возмездия за них... Вот, например, вы, молодой человек, — за что Он низвергнул вас в эту пучину?
>
> — Не понимаю, о чем вы говорите, — пробормотал Андрей. «Религиозных фанатиков нам здесь еще только и не хватало», — подумал он [Стругацкие 2000–2003, 7: 259–260].

Итак, не только у Красного Здания, но и у всего города и даже у его географического местоположения есть убедительные аналоги в художественных и культурных образах западной цивилизации. Схема межтекстовых аллюзий уже очевидна: прототип пространства действия — художественные описания апокалипсиса и потустороннего мира. Взаимосвязь между «фантастическим» пространством действия Стругацких и его «реальным» межтекстовым аналогом почти стирает различия между двумя уровнями реальности. Восприятие Андрея и восприятие старика в равной мере верны: они живут в Советском Союзе во второй половине XX века, и они живут в аду. Если выделить и конкретизировать источник юмора в тексте Стругацких, то обнаружится:

юмористические ситуации возникают как неизбежный побочный продукт процесса «стирания»; осознание того, что реальное и фантастическое, мир современного читателя и «преисподние» мировой литературы суть одно и то же, вызывает понимающий иронический смех. В продолжении описанной выше сцены к Андрею и старику подходит остроумный и эрудированный еврей, Изя Кацман.

> Андрей сказал, стараясь, чтобы получилось по возможности небрежно:
> — Вот этот пожилой господин полагает, что все мы находимся в аду.
> — Пожилой господин абсолютно прав, — немедленно возразил Изя и захихикал. — Во всяком случае, если это и не ад, то нечто совершено неотличимое по своим проявлениям [Стругацкие 2000–2003, 7: 262].

Важно понимать: Стругацкие аллегорически представляют Советский Союз как «нечто совершенно неотличимое по своим проявлениям [от ада]», не ограничиваясь периодом сталинизма. Изя еще совсем ребенок, когда Андрей возвращается в сталинистское прошлое — и на самый нижний уровень Дантова ада. Бо́льшая часть вымышленного потустороннего мира, фигурирующего в романе, современна периоду его написания, то есть совпадает с Советским Союзом начала 1970-х годов. Следующий допрос подтверждает эту датировку как типичной формой вопросов, так и содержанием ответов Изи.

> — Имя? Фамилия? Отчество?
> — Кацман Иосиф Михайлович.
> — Год рождения?
> — Тридцать шестой.
> — Национальность?[3]

---

[3] Во внутренних паспортах всех граждан Советского Союза указывалась этническая принадлежность («грузин», «латыш», «русский» и т. д.). Евреи считались единственной «сомнительной» национальностью (поэтому ответ Изи понятен) вплоть до краха советской империи, пытавшейся игнорировать этнические разногласия.

— Да, — сказал Кацман и хихикнул.

Андрей поднял голову.

— Что — да?

— Слушай, Андрей, — сказал Изя. — Я не понимаю, что это с тобой сегодня происходит, но имей в виду, ты на мне всю свою карьеру испортишь. Предупреждаю по старой дружбе...

— Отвечайте на вопросы! — произнес Андрей сдавленным голосом. — Национальность?

— Ты лучше вспомни, как у врача Тимашук орден отобрали, — сказал Изя.

Но Андрей не знал, кто такая врач Тимашук.

— Национальность!

— Еврей, — сказал Изя с отвращением.

— Гражданство?

— Эс-эс-эс-эр.

— Вероисповедание?

— Без.

— Партийная принадлежность?

— Без.

— Образование?

— Высшее. Пединститут имени Герцена. Ленинград.

— Судимости имели?

— Нет.

— Земной год отбытия?

— Тысяча девятьсот шестьдесят восьмой.

— Место отбытия?

— Ленинград.

— Причина отбытия?

— Любопытство [Стругацкие 2000–2003, 7: 278–279].

Допрос ведет Андрей, недавно, во второй части, повышенный до младшего следователя; он готов обвинить своего лучшего друга во имя деспотического закона, которого не понимает, но и не оспаривает. Несмотря на юмористический настрой допроса, в контексте Данте он помещает Андрея — и все общество — в самый нижний круг ада, оставленный для совершивших грех предательства. В третьей, четвертой и пятой частях романа Андрей продвигается вверх, до первого круга (которого достигает в шестой части).

Если у Дантова ада вертикальная структура, то у ада Стругацких измерения горизонтальные. Духовное путешествие Андрея примерно совпадает с его движением из недр города (где он был мусорщиком) в пригород, а в конце — к не занесенным на карту участкам территории, ведущим от города в Антигород. Андрей возглавляет исследовательскую экспедицию, направляющуюся в Антигород. Ему выделили гражданский отряд, и он берет с собой Изю в качестве историка. По мере удаления (в сторону) от города у Андрея растет способность узнавать и понимать значение картин ада. Ярче всего он осознаёт это в тот момент, когда его отряд находится на грани мятежа. Пространство действия насыщено босховскими мотивами, что заслуживает отдельного отступления от темы.

Иероним Босх
Исследователи Босха разделились на два лагеря. Кто-то считает, что на создание столь причудливых образов Босха вдохновили средневековые ереси, эзотерические секты, алхимия, а кто-то, наоборот, что они служили иллюстрациями для современных, то есть XV века, религиозных проповедей и дидактической литературы; но бесспорно одно: на центральной доске триптиха «Искушение святого Антония» изображен апокалипсис. Поскольку старик признаётся Андрею, что искусство Иеронима Босха «подготовило его к этому» (к жизни в этом городе), мы можем предположить: авторы хотели, чтобы физический и духовный ландшафт «Града обреченного» перекликался — спустя пять веков — с ви́дением мира, которое показал средневековый голландский художник. Такое ви́дение является квинтэссенцией пессимистичного мировоззрения, когда человек оказывает слабое сопротивление злым наклонностям и скорее опускается до животного уровня, чем поднимается к ангелам. Это мир строгого дуализма между искушениями плоти и дьяволом, с одной стороны, и невинными страданиями немногочисленных святых — с другой. Это пример того, из чего и в противовес чему возник философский гуманизм. В «Граде обреченном» очень легко найти изображения зла в духе Босха: обжорство, пьянство, сексуальная распущенность («Семь смертных грехов» Босха), а также хаотичные восстания и горящие деревни («Страш-

ный суд» Босха). Конечно, это почти универсальные образы греха и неотъемлемые черты апокалипсиса. Тем не менее то, что старик открыто ссылается на Босха, позволяет провести более широкое тематическое сравнение между миром средневекового художника и современным адом Стругацких. Некоторые фрагменты прозы Стругацких по своей стилистике достойны сравнения с наполовину человеческими существами, наполовину животными или мифическими чудовищами Босха, похожими на таких же у Сальвадора Дали. В одной сцене пятой части «Града обреченного» несколько военных под предводительством особо жестокого солдата по имени Хнойпек совершают групповое изнасилование недоразвитой девчонки, которую метко прозвали Мымрой, поскольку ничего, кроме этих звуков, она не произносит. Когда Андрей передает смысл происшествия, странные имена героев объединяются, образуя абстрактное существительное — удачный неологизм, определяющий «наполовину человеческие, наполовину животные» орды. Другой неологизм происходит от слова «пупок», и он также применим к частому у Босха мотиву раздутых животов — животов обжор, животов беременных (грешниц) и животов тараканоподобных существ.

> И вот тут мы вплотную подходим к вопросу о роли Бога и дьявола в истории. <...> Бог взял хаос в свои руки и организовал его, в то время как дьявол, наоборот, ежедневно и ежечасно норовит эту организацию, эту структуру разрушить. <...> Но, с другой стороны <...> чем, спрошу я вас, занимались на протяжении всей истории самые лютые тираны? Они же как раз стремились указанный хаос, присущий человеку, эту самую хаотическую аморфную хнойпекомымренность надлежащим образом упорядочить, организовать, оформить, выстроить — желательно в одну колонну, — нацелить в одну точку и вообще уконтрапупить. Или, говоря проще, упупить [Стругацкие 2000–2003, 7: 477–478].

Нелепые неологизмы Стругацких, как и визуальные образы Босха, выступают здесь как часть философского осмысления значения хаоса и роли дьявола в истории.

Всадник Апокалипсиса

> Насколько мне известно, это единственный в мире монумент человеку на броневике. Уже хотя бы в этом отношении мы имеем дело с символом нового мира. Старый мир обычно представляли люди на лошадях.
>
> И. А. Бродский. *Путеводитель по переименованному городу* [Бродский 2016: 203]

Всадник-мститель часто встречается в русской апокалиптической литературе с тех самых пор, как Пушкин в поэме «Медный всадник» наполнил мифологическим смыслом основание Петербурга Петром Великим. В исследовании Д. Бетеа «Форма апокалипсиса в современной русской литературе» значительное внимание уделяется постоянно присутствующему и видоизменяющемуся образу коня (и всадника) Апокалипсиса. Как и можно было ожидать, всадник Апокалипсиса появляется и в «Граде обреченном».

> Бумм, бумм, бумм, — раздавалось совсем близко, земля под ногами содрогалась. И вдруг наступила тишина. Андрей сейчас же снова выглянул. Он увидел: на ближнем перекрестке, доставая головой до третьего этажа, возвышается темная фигура. Статуя. Старинная металлическая статуя. Тот самый давешний тип с жабьей мордой — только теперь он стоял, напряженно вытянувшись, задрав объемистый подбородок, одна рука заложена за спину, другая — то ли грозя, то ли указуя в небеса — поднята, и выставлен указательный палец... [Стругацкие 2000–2003, 7: 467].

В этом поразительном образе все самое зловещее, что есть в конной статуе Петра Великого, объединяется со статуей Ленина, стоящей в иконографической позе на броневике у Финляндского вокзала. Как Медный всадник Пушкина, памятник, который видит Андрей, принимает огромные размеры и пугает маленького человека грохотом шагов. Как и Ленин у Финляндского вокзала, он «изображен на обычный манер, с вытянутой в пространство рукой, то есть как бы обращаясь к массам...» [Бродский

2016: 203]. Более того, памятник, который видит Андрей, стоит на пересечении дорог — символически на перекрестке истории. Но в отличие от своих предшественников он больше не возвышается над духом Санкт-Петербурга или Ленинграда — он возвышается над одним из кругов ада. Бронзовый образ Петра I, он же Ленин, просто указует — в аду подобный жест полностью лишен смысла.

Круг ада, в который Стругацкие поместили великих реформаторов России (Петра Великого, Ленина), — это шестой круг — город Дит. Когда в поэме Данте поэты входят в город Дит, то оказываются на большой равнине, заполненной горящими гробницами еретиков:

> Затем что здесь меж ям ползли огни,
> Так их каля, как в пламени горнила
> Железо не калилось искони.
>
> Была раскрыта каждая могила,
> И горестный свидетельствовал стон,
> Каких она отверженцев таила (IX, 118–123) [Данте 1967: 46].

Когда Андрей и Изя входят в город, населенный железными статуями, они наталкиваются на большую площадь, утыканную постаментами, которые покинули эти статуи. Души, вышедшие из своих пылающих гробниц в Дите у Данте, аналогичным образом сходят со своих памятников (надгробий) в выгоревший город, куда пришли Андрей и Изя:

> Они шли и шли, постепенно дурея от жары <...>
> Потом они вышли на площадь.
> Таких площадей они еще не встречали. Она была похожа на вырубленный диковинный лес. Как пни, были понатыканы на ней постаменты... каменные, чугунные, из песчаника, из мрамора... И все эти постаменты были пусты... [Стругацкие 2000–2003, 7: 471].

Андрей позже встретится со всеми статуями — предположительно, душами еретиков, которые осознанно отвергают Бога и виновны в грехах, представленных в нижних кругах ада: насилии (скотстве) и обмане (злобе). Он пытается произнести перед ними речь, где определяет духовную границу между осознанно творимым злом и менее тяжкими грехами невоздержанности (круги второй, третий, четвертый и пятый) и пассивного (по незнанию) неверия (круг первый). Другими словами, образы Стругацких — пустые надгробия на выжженной равнине — и тема выступления Андрея перед статуями соответствуют и в физическом, и духовном плане описанию города Дита у Данте на границе между верхними и нижними кругами ада. Псевдонаучные выражения Андрея в сочетании с разговорным языком и мировоззрением его прошлого советского воплощения совсем не годятся для поставленной задачи:

> ...неважно, военно ли это полевой суд или суд присяжных, тайный суд инквизиции или суд Линча, суд Фемы или суд так называемой чести. Я не говорю уже о товарищеских и прочих судах... Надлежало найти такую форму организации хаоса, состоящего из половых и пищеварительных органов как Хнойпеков, так и Мымр, такую форму этого вселенского кабака, чтобы хоть часть функций упомянутых внешних судов была бы передана суду внутреннему. Вот, вот когда понадобилась и пригодилась категория величия! [Стругацкие 2000–2003, 7: 475–476].

Осознав, что «категория величия» применима к индивидуальным нравственным принципам, а не к тем, кто стремится к завоеваниям и законотворчеству во имя неких абстрактных нравственных принципов, Андрей готов покинуть город еретиков и проследовать в сопровождении своего просвещенного проводника Изи к первому кругу. В конце романа и Андрей, и Изя заслужили свое место среди некрещеных и праведных язычников круга первого, или Лимба: Изя — как еврей, поскольку его единственный «грех» состоял в том, что он не был крещен; единственный же оставшийся «грех» Андрея — в том, что он вырос вне церкви (в атеистическом Советском государстве). В финале Андрей пришел к пониманию важности памяти и культуры. Он пополнил ряды праведных язычников Данте, чтобы активно и сознательно строить, хранить и ценить храм культуры — так

Изя называет здание, сложенное из лучших достижений человеческой философии, этики, поэзии, науки, искусства и воображения. Без храма культуры нет надежды на индивидуальное или коллективное спасение.

Метафизический пейзаж

Роман Стругацких «Хромая судьба» можно читать как непрерывный диалог с провидческой, апокалиптической русской литературой Серебряного века и особенно с «Мастером и Маргаритой» Булгакова. Писатели, выразившие свои апокалиптические предчувствия под влиянием революции 1917 года, не увидели, как те воплотились в жизнь во время сталинского террора и холокоста. Поколение Стругацких, в этом смысле постапокалиптическое поколение, родилось уже после революции, которая обещала второе пришествие (в виде «светлого коммунистического будущего») и повернула ход истории вспять, в противоположном направлении. Так, обращаясь к литературным формам и эсхатологическому мировоззрению своих литературных предшественников, Стругацкие не ограничиваются этим и создают форму и эсхатологию, основанные на уникальном опыте советской интеллигенции, выросшей во время и после правления Сталина. Чтобы понять, как мифы о конце истории изменились в русском воображении за советский период, необходимо посмотреть, как модифицировался образ апокалиптического города.

Примерно в то же время, в начале 1970-х годов, работая над «Градом обреченным», Стругацкие набросали черновой вариант другого романа — под названием «Хромая судьба». Роль рассказчика и главного героя в нем исполняет советский писатель, чей апокалиптический шедевр, «Гадкие лебеди» (иногда его называют «Время дождя»), согласно изначальному замыслу, чередовался с главами основного произведения — как роман в романе. Для большей ясности я продолжу называть внешнее повествование «Хромой судьбой», а роман в романе — «Гадкими лебедями».

Феликс Александрович Сорокин, рассказчик и главный герой «Хромой судьбы», — внешне успешный московский писатель, чье некогда крепкое здоровье начинает показывать признаки старческих недугов. То, как автор предчувствует физически свою кончину (становясь настоящим ипохондриком), отражается на пространстве города, где он живет, и на пространстве города, о котором он пишет. В этом смысле Стругацкие вносят вклад в коллекцию описаний «лиминального города» русской литературы, географической фокальной точки на Земле — места последней битвы между Спасителем и Антихристом[4]. Для Пушкина, Достоевского, Белого, А. А. Блока и Бродского имперский город Санкт-Петербург является воплощением дуальностей, заключительное противостояние которых свидетельствует об апокалипсисе. Для Булгакова и Б. Л. Пастернака апокалиптический город — это «павший» Третий Рим, Москва. В «Форме апокалипсиса в современной русской литературе» Бетеа отмечает, что «лиминальный город» — место, «где современный провидец, находясь в двух разных отрезках времени, бросает взгляд на порядок в ином мире, посреди мирового хаоса и революции» [Bethea 1989: 45]. «Современный провидец», по сути, «главный лиминальный герой», чьи идиотичность («идиот» Достоевского), андрогинность (Николай Белого), безумие (Мастер Булгакова), вдохновение (лирический рассказчик Блока, Живаго Пастернака) или внутреннее изгнание (Бродский) позволяют ему видеть «ничейную зону» между профанной и сакральной сущностями города. Вдохновение и, как ни странно, цензура позволяют герою «Хромой судьбы» Стругацких находиться в двух временах сразу. Понятие отрезка времени здесь необходимо расширить до значения, близкого «хронотопу» М. М. Бахтина, то есть пространственно-временной зоне, которой присущи определенные этические установки. Другими словами, Сорокин — «лиминальный» герой, писатель, работающий и в русле массовой официальной литературы, и в оппозиции к ней. Город, в котором он живет, — апокалиптический, падший

---

[4] Подробнее об апокалиптическом «лиминальном городе» см. [Bethea 1989].

город, а города, о которых он пишет, — «лиминальные» города, где все еще идет древняя как мир борьба между противоположными полюсами. И реалистический, и фантастический уровни романа принадлежат к жанру апокалипсиса, так что граница между ними легко проницаема. В современный московский быт, очень правдоподобно описываемый Сорокиным, свободно проникают фантастические персонажи и события из другой, символической реальности. И наоборот, вымышленный ландшафт, нарисованный воображением Сорокина в романе, который он пишет, также является символическим географическим воплощением метафизической проблемы.

56-летний московский писатель (Сорокин), главный герой «Хромой судьбы», говорит, что когда-то работал переводчиком с японского. Иными словами, примерный возраст и занятие рассказчика те же, что и у одного из авторов — Аркадия Стругацкого. Прозаический, разговорный стиль рассказчика и автобиографические факты из его жизни обманывают читателя, который ожидает фантастического сюжета. Сорокин упоминает, что состоит в Союзе писателей и часто ходит в привилегированный клуб, где члены союза могут есть и пить (обычно весьма обильно). Как он сам честно признаёт, он расплачивается за эту и другие привилегии тем, что пишет произведения, укладывающиеся в привычные рамки официального жанра социалистического реализма. В своей частной, неофициальной жизни Сорокин работает над другим романом, в который входят элементы сказочного, научно-фантастического, а также апокалиптические мотивы. Он хранит эту рукопись в синей папке в ящике стола и не надеется опубликовать ее в Советском Союзе. В непрерывном диалоге с Булгаковым Сорокин у Стругацких выступает в роли современного Мастера, стремящегося закончить собственный литературный и философский шедевр, совершенно ясно понимая: «Никогда при жизни моей не будет это опубликовано, потому что не вижу я на своем горизонте ни единого издателя, которому можно было бы втолковать, что видения мои являют ценность хотя бы еще для десятка человек в мире, кроме меня самого» [Стругацкие 2000–2003, 8: 327].

Итак, полуавтобиографические воспоминания, отрывки из настоящих романов Стругацких, подробные натуралистические описания блюд и бесед в писательском клубе образуют в «Хромой судьбе» реалистичный фон для нелепого и незаконченного научно-фантастического сюжета. Рассказчик против своей воли оказывается замешан в заговоре пяти бессмертных, которые ревниво оберегают ограниченный источник своего эликсира жизни. Шестым человеком, нечаянно узнавшим про эликсир, становится он, и его жизнь оказывается в опасности. За ним следует по городу жутковатый персонаж в клетчатом пальто, еще более зловещий в свете его межтекстовой связи с Коровьевым-Фаготом из «Мастера и Маргариты». (Там материализация «клетчатого гражданина» на глазах у Берлиоза является первым признаком надвигающейся гибели редактора, которой он, «клетчатый гражданин», оказывается единственным свидетелем.) Более того, в кафе Сорокин ведется на предложение падшего ангела, покупая у того партитуру труб Страшного суда; и в конце концов он получает письмо с угрозами от пришельцев с другой планеты. Ни один из этих научно-фантастических мотивов не получает дальнейшего развития. Бессмертные с их эликсиром исчезают, а инопланетные пришельцы так и не материализуются, чтобы принудить к выполнению требований, прозвучавших в письме[5]. Параллельно второй научно-фантастический побочный сюжет направляет действия и духовное развитие героя — менее явным, но существенным образом. В этом побочном сюжете по требованию Союза все писатели должны принести образец своего творчества в Лингвистический институт на улице Банной. Новый суперкомпьютер лингвистов способен объективно оценивать любые литературные произведения. Машина запрограммирована на то, чтобы в количественном выражении определять художественную значимость того или иного текста.

---

[5] В 1985 году в журнале «Изобретатель и рационализатор» был опубликован киносценарий, написанный Стругацкими и названный «Пять ложек эликсира». В киносценарии развивается фантастический сюжет о тайной секте бессмертных, не получивший продолжения в романе.

Отвлекаясь на проблемы с мафией бессмертных, рассказчик, несмотря на озабоченность тем, чтобы представить собственное творение для научного анализа, раз за разом «забывает» принести образец своей работы в институт. В том виде, в каком этот побочный сюжет заявлен в начале романа, он похож на научную фантастику несколько сатирического характера:

> Конечно, ничего нет хорошего лежать бревном на пути научно-технического прогресса, а с другой стороны — ну, люди ведь мы, человеки: то я оказываюсь на Банной и вспоминаю же, что надо бы зайти, но нет у меня с собой рукописи; то уже и рукопись, бывало, под мышкой, и направляюсь я именно на Банную, а оказываюсь странным образом каким-то не на Банной, а, наоборот, в Клубе. Я объясняю все эти загадочные девиации тем, что невозможно относиться к этой затее, как и ко множеству затей нашего секретариата, с необходимой серьезностью. Ну, какая, в самом деле, может быть у нас на Москве-реке языковая энтропия? А главное, при чем здесь я? [Стругацкие 2000–2003, 8: 199].

Серьезный ответ на полушутливый вопрос рассказчика можно найти в зашифрованном виде в нескольких пространствах действия, описанных на разных уровнях романа. Следующий ниже анализ покажет, как урбанистическое пространство действия становится одним из главных героев романа, выступая связующим звеном между фантастическим и реалистическим уровнями сюжета. В качестве связующего звена между современным бытом и апокалиптическим мотивом, пространство действия наделяется большой тематической значимостью.

Физическое пространство действия вымышленного мира Стругацких одновременно кажется и до тошноты знакомым, и до странности апокалиптическим:

> ...я сидел у окна и... с отвращением прихлебывал теплый «бжни» <...> За окном мело, машины боязливо ползли по шоссе, на обочинах громоздились сугробы, и смутно чернели за пеленой несущегося снега скопления голых деревьев и щетинистые пятна и полосы кустарника на пустыре.

Москву заметало.
Москву заметало, как богом забытый полустанок где-нибудь под Актюбинском [Стругацкие 1986: 72][6].

В этих первых абзацах «Хромой судьбы» реалистические детали преподносятся буквально *ad nauseam*, поскольку главный герой — который страдает от симптомов язвы, о чем мы узнаем позже, — прихлебывает с отвращением целебную минеральную воду и наблюдает за тем, как московский транспорт беспорядочно буксует посреди сильной метели[7]. Среднему российскому читателю все, от вкуса минеральной воды бжни до беспорядочной растительности неблагоустроенных московских городских пустырей, настолько знакомо, что сцена сойдет за описанную с фотографической точностью повседневную действительность. Однако с такой же легкостью можно представить, что это кадр из фильма о времени после холокоста. Пейзаж реален и конкретен, но вместе с тем пропитан присутствием другой, символической и вневременной реальности, скрывающейся за ним. Голые черные деревья. Людей не видно, и даже их машины боязливо ползут сквозь стихийное неистовство природы. У первой главы есть подзаголовок «Пурга», и она структурно и семантически противопоставляется последней главе с подзаголовком «Exodus» («Исход»). Эсхатологические оттенки последней главы усиливают апокалиптический настрой первой. Из окна виден пустырь. Выбор образов и «словесного освещения» создает ощущение темноты и заброшенности. Метафора в последней строке буквально попадает в цель: «богом забытое место».

На апокалиптический настрой намекают и образы, которые использовались для описания урбанистического окружения рассказчика, и этот настрой усиливается, когда он идет завтра-

---

[6] Цитата приводится по журнальной версии романа. — *Примеч. ред.*

[7] В журнальной версии «Хромой судьбы» главный герой пьет минеральную воду, которую ему рекомендовали в лечебных целях. В книжной версии он пьет вино. В обеих версиях он затем жалуется, что здоровье больше не позволяет ему пить и курить.

кать в местное кафе. Внешний вид кафе, где завтракает рассказчик, не играет роли для развития сюжета — для этого необходимо только, чтобы он ел за столиком, где было бы свободное место, дабы к нему мог подойти новый герой и завести беседу. Название кафе — «Жемчужница» — вызывает ассоциации с морем, романтической экзотикой или хотя бы с чем-то ярким и нежным, прячущимся в раковине. Однако снаружи кафе очень похоже на низкий дот:

> ...более всего напоминает оно белофинский дот «Миллионный», разбитый прямым попаданием тысячекилограммовой бомбы: глыбы скучного серого бетона, торчащие вкривь и вкось, перемежаются клубками ржавой железной арматуры, долженствующими, по замыслу архитектора, изображать морские водоросли, на уровне же тротуара тянутся узкие амбразуры-окна [Стругацкие 2000–2003, 8: 400].

Здесь архитектура мира рассказчика становится сама по себе воплощением эпистемологических пресуппозиций упомянутого мира. То есть если архитектура как язык — это «бытие», которым определяется сознание, то авторы хотят показать нам, что мы живем в апокалиптическом уродливом мире, тусклом подобии природы, пока еще не спасенном ни малейшими свидетельствами притязаний человечества на духовность. Поведение официанта в кафе совершенно оправданно: «...[в нем] развязность странно сочеталась с сонной угрюмостью» [Стругацкие 2000–2003, 8: 400]. Таким образом, кафе «Жемчужница», одновременно анекдотичное и приятное своей привычностью — в большинстве московских кафе работают неприветливые официанты, а в меню значатся одни и те же два блюда («бефстроганов и фирменное мясо в горшочке»), — создает символический контекст для событий, происходящих там с рассказчиком.

Пока Сорокин завтракает в «Жемчужнице», к нему за столик подсаживается неопрятный горбун с вьющимися золотистыми волосами и представляется падшим ангелом, обладающим партитурой труб Страшного суда. В этот момент возникает напряжение из-за двух возможных объяснений присутствия «ангела». Горбун мог бы оказаться психически неуравновешенным молодым человеком, пытающимся внушить свои бредовые идеи недоверчивым посетителям московского кафе. С другой стороны, в городе, наполненном апокалиптическими образами, представляется более вероятным, что золотоволосый горбун *действительно* падший ангел.

Падший ангел является частью эмпирической реальности не более и не менее, чем все остальные персонажи истории, которые практически все свободно переходят границу из одного литературного бытия в другое. Сорокин — рассказчик фантастического романа, где он читает и пишет фантастику, существующую в эмпирическом мире. В его записных книжках есть текст «Гадких лебедей» и черновики «Града обреченного», а среди того, что читает он сам, можно найти, например, рассказ японского писателя Акутагавы. В фантастическом рассказе Акутагавы описывается машина, измеряющая писательский талант. В «Хромой судьбе» литературное изобретение Акутагавы становится такой же частью «реального» мира Сорокина, как яйца вкрутую и фруктовый кефир, которыми он обычно завтракает: «…"Мензуру Зоили" Акутагавы, написанную еще в шестнадцатом году и изданную у нас на русском языке в середине тридцатых! Ничего нельзя придумать. Все, что ты придумываешь, либо было придумано до тебя, либо происходит на самом деле» [Стругацкие 2000–2003, 8: 271][8].

У неопрятного молодого горбуна, продающего Сорокину партитуру труб Страшного суда, есть своя история, которую

---

[8] Комментарий рассказчика перефразирует высказывание, приписываемое лорду Кельвину, и говорит об изменившихся взглядах Стругацких на научно-технический прогресс. В статье «Давайте думать о будущем» [Стругацкие 1970] авторы выразили свое разочарование в так называемой научно-технологической революции (НТР): «Ошеломляющий темп этого процесса породил, во-первых, интуитивное ощущение всемогущества науки… а во-вторых, выбросил в сферу интеллектуального потребления сырую массу идей, догадок, предположений, которые можно было бы квалифицировать как мифы нового времени, если бы не восторженная подсознательная уверенность, что все это возможно: и мыслящие машины, и небелковая жизнь…»

достаточно трудно изложить, в чем он и сам обезоруживающе признаётся:

> А дело его ко мне состояло в том, что всего за пять рублей он мне предлагал в полную и безраздельную собственность партитуру Труб Страшного Суда. Он лично перевел оригинал на современную нотную грамоту. Откуда она у него? Это длинная история, которую к тому же очень трудно изложить в общепринятых терминах [Стругацкие 2000–2003, 8: 404].

Несмотря на свое библейское происхождение, падший ангел подчиняется тем же законам реальности — и банальности, — что и рассказчик, другие посетители кафе и остальные жители Москвы:

> Он оказался здесь, внизу, без всяких к существованию средств, буквально только с тем, что было у него в карманах. Работу найти практически невозможно, потому что документов, естественно, никаких нет... [Стругацкие 2000–2003, 8: 404].

Прием, когда существо из иного мира терпит такие же мелкие неудобства, что и простые смертные, считается карнавальным и юмористическим. Этот конкретный «ангел», кроме того, издавал такой аромат, будто провел ночь в курятнике, «обдавая [Сорокина] сложными запахами птичьего двора и пивной бочки» [Стругацкие 2000–2003, 8: 404]. Юмор, впрочем, играет здесь двоякую роль. С одной стороны, травестия вскрывает комическую абсурдность положения сверхъестественного существа — хоть и падшего, — которое вынуждено терпеть лишения, как простой смертный; с другой стороны, в этом есть пугающий намек на то, что и богам не справиться с обычной бюрократией XX века. Травестия продолжается и позже, когда сосед Сорокина, профессиональный композитор, возвращает ему партитуру Страшного суда с трагически отчаявшимся видом, как будто он только что услышал звуки неминуемого апокалипсиса. У него был

> огромный, с синими прожилками, светло-голубой нос над толстыми усами с пробором, были бледные дрожащие губы, и были черные тоскливые глаза, наполненные слезами и отчаянием. Проклятые ноты, свернутые в трубку, он судорожно

сжимал в волосатых кулаках, прижатых к груди. Он молчал, а у меня так перехватило дух от ужасного предчувствия, что и я не мог выговорить ни слова <...>
— Слушай... — просипел он, отрывая руки от лица и запуская пальцы в густую шерсть над ушами. — Опять «Спартак» пропер! Ну что ты будешь делать, а? [Стругацкие 2000–2003, 8: 433].

На уровне современного *быта* Стругацкие постоянно обесценивают апокалиптический мотив. Как и в «Мастере и Маргарите», однако, этот прием, когда зло выступает в знакомом обличье, вовсе не обязательно влечет за собой «комическое облегчение». Наоборот, игроки апокалиптического сценария утрачивают свое грандиозное космическое величие и становятся пугающе банальными и... близкими.

Для рассказчика «Хромой судьбы» последствия утверждения Ф. Ницше в конце XIX века о том, что «Бог мертв», осложнились почти веком давления идеологической системы, заполнившей пустоту, возникшую из-за отсутствия Бога. Современный Мастер Стругацких вырос как часть этого поколения, для которого потенциал зла, еще описанного Булгаковым в виде водевильных шалостей Воланда и его сообщников в Москве 1930-х годов, реализовывался в формах, предсказанных сатирой Булгакова: цензура, использование психиатрии в политических целях, массовое промывание мозгов и триумф научного атеизма — все это Сорокин воспринимает как повседневную реальность. Отсюда его прагматичные раздумья об упадке искусства в централизованно планируемой официальной культуре Советского Союза:

> Ну напишу я этот сценарий, ну примут его, и влезет в мою жизнь молодой, энергичный и непременно глупый режиссер и станет почтительно и в то же время с наглостью поучать меня, что кино имеет свой язык, что в кино главное — образы, а не слова, и непременно станет он щеголять доморощенными афоризмами вроде: «Ни кадра на родной земле» или «Сойдет за мировоззрение»... Какое мне дело до него, до его мелких карьерных хлопот, когда мне наперед известно, что фильм получится дерьмовый и что на студийном просмотре я буду мучительно бороться с желанием встать и объявить: снимите мое имя с титров [Стругацкие 2000–2003, 8: 327].

О природе цензуры и читающей публике он высказывается с еще бóльшим пессимизмом:

> Да, после смерти автора у нас зачастую публикуют довольно странные его произведения, словно смерть очищает их от зыбких двусмысленностей, ненужных иллюзий и коварных подтекстов. Будто неуправляемые ассоциации умирают вместе с автором. Может быть, может быть...
> Да что там Сорокин Эф А? Вот сейчас утро. Кто сейчас в десятимиллионной Москве, проснувшись, вспомнил о Толстом Эль Эн? Кроме разве школьников, не приготовивших урока по «Войне и миру»... Потрясатель душ. Владыка умов. Зеркало русской революции. Может, и побежал он из Ясной Поляны потому именно, что пришла ему к концу жизни вот эта такая простенькая и такая мертвящая мысль.
> А ведь он был верующий человек, подумал вдруг я [Сорокин]. Ему было легче, гораздо легче. Мы-то знаем твердо: нет ничего ДО и нет ничего ПОСЛЕ. Привычная тоска овладела мною. Между двумя НИЧТО проскакивает слабенькая искра, вот и все наше существование. <...>
> А в действительности построил ты единую теорию поля или построил дачу из ворованного материала — к делу это не относится, ибо есть лишь НИЧТО ДО и НИЧТО ПОСЛЕ, и жизнь твоя имеет смысл лишь до тех пор, пока ты не осознал это до конца... [Стругацкие 2000–2003, 8: 327–329].

Себялюбивое нытье Сорокина постепенно становится новой творческой восприимчивостью. Он бредет на ощупь по границе между двумя эрами — религиозной и светской, — размышляя о том, что хотя Лев Толстой и ощутил уже бессмысленность всякой жизни, он продолжал быть частью религиозного общества: ткань веры прилегала ближе к телу и не так легко рвалась. Когда Сорокин выражает свой философский нигилизм в художественном образе, у него выходит зарисовка ландшафта «Града обреченного»:

> Я наблюдал, как на своем обычном месте, всегда на одном и том же месте, медленно разгорается малиновый диск. Сначала диск дрожит <...> наливается оранжевым, желтым, белым светом, потом угасает на мгновение и тотчас же вспыхивает во всю силу, так что смотреть на него становится невозможно. Начинается

новый день… и возникает вокруг как бы из ничего город — яркий, пестрый, исполосованный синеватыми тенями, огромный, широкий — этажи громоздятся над этажами, здания громоздятся над зданиями, и ни одно здание не похоже на другое, они все здесь разные, все… И становится видна справа раскаленная Желтая Стена, уходящая в самое небо, в неимоверную, непроглядную высь, изборожденная трещинами, обросшая рыжими мочалами лишаев и кустарников… А слева, в просветах над крышами, возникает голубая пустота, как будто там море, но никакого моря там нет, там обрыв, неоглядно сине-зеленая пустота, сине-зеленое ничто, пропасть, уходящая в непроглядную глубину.

Бесконечная пустота слева и бесконечная твердь справа, понять эти две бесконечности не представляется никакой возможности. Можно только привыкнуть к ним. И они привыкают — люди, которыми я населил этот город на узком, всего в пять верст, уступе между двумя бесконечностями [Стругацкие 1986, 8: 81][9].

Из этого описания ландшафта сразу понятно, что «Град обреченный» еще одно воплощение русского «лиминального города», Санкт-Петербурга (Ленинграда). Санкт-Петербург географически расположен на пороге между огромным пространством материковой части России, простирающейся на восток, и туманными сине-зелеными водами Финского залива, видными с запада. Символическое расположение города в традиции русской литературы можно кратко описать, воспользовавшись отрывком из предисловия к английскому переводу «Петербурга» Белого, написанного Р. А. Магуайром и Дж. Э. Малмстадом:

> Писатели XVIII века видели в Петербурге величественный памятник человеческому разуму и воле: этот город, построенный по плану, был основан в 1703 году посреди непроходимой

[9] Журнальная версия. Интересно, что в журнальной версии «Хромой судьбы» в тетради Сорокина приводится зарисовка к «Граду обреченному», а в полной книжной версии в том же месте оказывается дождливый город из «Гадких лебедей». В последнем варианте есть очевидный смысл, поскольку два романа объединены в один, хотя, конечно, Сорокин мог работать над двумя разными произведениями «в стол», а из «Града обреченного» решил тогда показать только зарисовку ландшафта.

трясины. Первая часть «Медного всадника» А. С. Пушкина (1833) отдает дань этой точке зрения, но во второй части задается новый тон, который будет господствовать почти во всех литературных обращениях к Санкт-Петербургу вплоть до XX века: за «западным» фасадом находится неосязаемый и нереальный, призрачный мир, чуждый человеческому разуму и постижимый только бессознательно, — «восточный мир» в русской терминологии. Именно Петербург, с его беспокойным сосуществованием Запада и Востока, воспринимался русским умом как символ более широкой проблемы национального самосознания [Bely 1978: XIV].

Ранее мы уже отметили появление Медного всадника в «Граде обреченном». В черновике Сорокина с описанием города формальная отсылка к «Петербургу» Белого недвусмысленно выражена в образах: а) поднимающегося над городом (и зажигающего иглу Адмиралтейства в начале Невского проспекта) солнца; и б) близкого присутствия чего-то непостижимого и сине-зеленого непосредственно за многоэтажной и прямолинейной архитектурой. Описание в первой главе романа Белого, как ранним утром Аполлон Аполлонович едет на работу через город, также следует взять за основу для тематического сравнения с версией Стругацких — поэтому мы довольно подробно воспроизведем его здесь:

> Аполлон Аполлонович Аблеухов покачивался на атласных подушках сиденья; от уличной мрази его отграничили четыре перпендикулярные стенки; так он был отделён от протекающих людских толп, от тоскливо мокнущих красных оберток журнальчиков, продаваемых вон с того перекрестка.
>
> Планомерность и симметрия успокоили нервы сенатора, возбужденные и неровностью жизни домашней, и беспомощным кругом вращения нашего государственного колеса.
>
> Гармонической простотой отличались его вкусы.
>
> Более всего он любил прямолинейный проспект; этот проспект напоминал ему о течении времени между двух жизненных точек <...>
>
> Мокрый, скользкий проспект: там дома сливалися кубами в планомерный, пятиэтажный ряд; этот ряд отличался от линии жизненной лишь в одном отношении: не было у этого ряда ни

конца, ни начала; здесь средина жизненных странствий носителя бриллиантовых знаков оказалась для скольких сановников окончанием жизненного пути.

Всякий раз вдохновение овладевало душою сенатора, как стрелою линию Невского разрезал его лакированный куб: там, за окнами, виднелась домовая нумерация; и шла циркуляция; там, оттуда — в ясные дни издалека-далека, сверкали слепительно: золотая игла, облака, луч багровый заката; там, оттуда, в туманные дни, — ничего, никого.

А там были — линии: Нева, острова. Верно в те далекие дни, как вставали из мшистых болот и высокие крыши, и мачты, и шпицы, проницая зубцами своими промозглый, зеленоватый туман —

— на теневых своих парусах полетел к Петербургу оттуда Летучий Голландец из свинцовых пространств балтийских и немецких морей, чтобы здесь воздвигнуть обманом свои туманные земли и назвать островами волну набегающих облаков <...>

Аполлон Аполлонович островов не любил: население там — фабричное, грубое; многотысячный рой людской там бредет по утрам к многотрубным заводам; и теперь вот он знал, что там циркулирует браунинг; и еще кое-что.

Аполлон Аполлонович думал: жители островов причислены к народонаселению Российской Империи; всеобщая перепись введена и у них <...>

Аполлон Аполлонович не хотел думать далее: непокойные острова — раздавить, раздавить! Приковать их к земле железом огромного моста и проткнуть во всех направленьях проспектными стрелами...

И вот, глядя мечтательно в ту бескрайность туманов, государственный человек из черного куба кареты вдруг расширился во все стороны и над ней воспарил; и ему захотелось, чтоб вперед пролетела карета, чтоб проспекты летели навстречу — за проспектом проспект, чтобы вся сферическая поверхность планеты оказалась охваченной, как змеиными кольцами, черновато-серыми домовыми кубами; чтобы вся, проспектами притиснутая земля, в линейном космическом беге пересекла бы необъятность прямолинейным законом... [Белый 1994: 16–17].

В «Петербурге» Белого описывается столица Российской империи в 1905 году, сразу после унизительного поражения страны в Русско-японской войне и уже на пути к катастрофическим социальным и политическим изменениям, завершившимся революцией 1917 года. Все литературные мифы, связанные с городом Петра, в романе Белого проникнуты злободневным, апокалиптическим значением. Противоречивое пристрастие русской интеллигенции и к «западному» рационализму, и к «восточным» православию и мистицизму приведет к прямому и ожесточенному столкновению между теми, кто предпочтет «западные» демократические принципы управления, и теми, кто станет настаивать на «восточных» принципах единовластия для обуздания разгула внушающей ужас народной анархии. Более того, противоречие между Востоком и Западом, стихийностью и упорядоченностью, религией и рационализмом и т. п. обостряет разногласия на всех уровнях: оно существует между социально-экономическими классами, между поколениями и между сознательной и подсознательной жизнью личности. Аполлон Аполлонович может стремиться перенести «западные» принципы рационализма на «восточную» стихийность масс, чтобы сокрушить их. И наоборот, его сын, последователь Когена и Канта, лелеет «восточную» сторону своего русско-татарского наследия, одеваясь в нарочито восточном стиле, и, чрезмерно увлекшись мистикой нигилистических предпосылок гностицизма, соглашается принять участие в революционном террористическом заговоре. В «Петербурге» Белого в канун революции бомба должна взорваться и положить конец старому порядку. Потому что, как отметил Бердяев,

> А. Белый совсем не враг революционной идеи... Зло революции для него порождено злом старой России. В сущности, он хочет художественно изобличить призрачный характер петербургского периода русской истории, нашего бюрократического западничества и нашего интеллигентского западничества, подобно тому, как в «Серебряном голубе» он изобличал тьму восточной стихии в нашей народной жизни [Бердяев 1989: 438].

То, как писатели рубежа веков воспринимали Россию, балансируя на грани между апокалипсисом и вторым пришествием, приобрело новую актуальность к концу XX столетия, когда система образов и эсхатологическая терминология изменились. Во-первых, определяющий, судьбоносный статус самого апокалипсиса износился за 70 с лишним лет, прошедших после революции. Апокалиптические мотивы прозы Стругацких оказались поглощены реалистическими описаниями современного быта; они одомашнились и опошлились. Мистические и гностические мотивы также совершенно по-разному выражаются в «лиминальных городах» Белого и Стругацких соответственно.

В «Петербурге» Белого перед Аполлоном Аполлоновичем предстает видение мистического символа — уробороса — змея, который кольцом обвивает мир, кусая себя за хвост. Сознание старика Аблеухова временно покинуло его тело и слилось с «астральным» уровнем реальности, где реализован апокалиптический (для Белого) образ «сферической поверхности планеты… охваченной, как змеиными кольцами, черновато-серыми домовыми кубами». Стиль Белого, который Бердяев уподобляет «кубизму в художественной прозе», органически связан с его собственными мистическими воззрениями, выходящими за рамки обсуждаемой темы. Однако тот же гностический образ проецируется на фантастический ландшафт «Града обреченного» Стругацких. Сорокин вводит гностический мотив, открывая источник своего вдохновения:

> И была наклеена на титульный лист дрянная фоторепродукция: под нависшими ночными тучами замерший от ужаса город на холме, а вокруг города и вокруг холма обвился исполинский спящий змей с мокро отсвечивающей гладкой кожей [Стругацкие 2000–2003, 8: 213].

Это фотография картины Рериха, изображающей уробороса, обвившегося вокруг лиминального города — микрокосма мира. В законченной Стругацкими версии «Града обреченного» картина Сорокина превращается в величественный ландшафт на границе (краю) мира. Два путешественника (Андрей и Изя) из Города приближаются к Антигороду и к концу еще одного этапа своего духовного путешествия

> Они были на самой верхушке здоровенного бугра. Слева, где обрыв, все было затянуто сплошной мутной пеленой бешено несущейся пыли, а справа... видна была Желтая Стена — не ровная и гладкая, как в пределах Города, а вся в могучих складках и морщинах, словно кора чудовищного дерева. Внизу впереди начиналось ровное, как стол, белое каменное поле — не щебенка, а цельный камень, сплошной монолит — и тянулось это поле, насколько хватал глаз... [Стругацкие 2000–2003, 7: 512].

Согласно дантовскому подтексту романа, Андрей и Изя прошли первый круг — и их подъем по кругам ада закончен. То есть они стоят на краю верхнего мира, окруженного гладкой, ровной поверхностью извечного змея. А справа неровная поверхность, «словно кора чудовищного дерева», напоминает о древе жизни, которое часто обвивает змей, символизирующий вечность. Но уроборос также является и символом знания. Путешествие Андрея здесь заканчивается, однако он добрался до нового этапа познания. Собственное путешествие Сорокина к высшему знанию проводит его и через традиции русской литературы, где он сталкивается, в частности, с творчеством Белого и Булгакова, и через ежедневное однообразие московской жизни. Последняя, как и первая, насыщена гностическими мотивами и ощущением апокалипсиса.

Социалистический реализм господствовал в советской литературе с начала 1930-х годов до оттепели в начале 1960-х. Идеологические и эстетические установки соцреализма исключали возможность касаться апокалиптической темы: если уж на то пошло, современная реальность должна была походить на царствие Христово. Поэтому между гениальным апокалиптическим пророчеством Андрея Белого, где русская революция приравнивается к концу истории, и современным переосмыслением этой темы Стругацкими находится совсем небольшое количество запрещавшихся произведений, которые могли бы послужить им литературными звеньями. Одно из таких произведений, «Мастер и Маргарита», оказавшее очевидное влияние на Стругацких, будет рассмотрено позже. Другое промежуточное связующее звено в традиции русской апокалиптической литературы — творчество Андрея Платонова.

«Котлован» Платонова

Прямые отсылки к творчеству Платонова (1899–1951) в романах Стругацких незначительны и редки, хотя авторы были знакомы с его запрещенными произведениями еще с 1970-х годов[10]. Однако, узнавая неявные апокалиптические образы и язык Платонова, мы получаем важнейшее недостающее звено между величественными образами символистов и ироническим ви́дением Стругацких.

Самая прямая аллюзия на Платонова в произведениях Стругацких относится, что характерно, к «Котловану», самому мрачному из его текстов. Четвертая часть второй книги «Града обреченного» начинается сценой с рабочими, роющими котлован.

> В котловане копошились сотни людей, летела земля с лопат, вспыхивало солнце на отточенном железе. <…> Ветер крутил красноватую пыль… раскачивал огромные фанерные щиты с выцветшими лозунгами: «Гейгер сказал: надо! Город ответил: сделаем!», «Великая Стройка — удар по нелюдям!», «Эксперимент — над экспериментаторами!» [Стругацкие 2000–2003, 7: 354].

Лозунги, подгоняющие рабочих, не оставляют сомнения, что это тот же котлован, который Платонов в своем романе изобличил как общую могилу для всего человечества, жестокое и призрачное основание «социализма». В предисловии к «Котловану» Иосиф Бродский пишет: «…первое, что следовало бы сделать, закрыв данную книгу, это отменить существующий миропорядок и объявить новое время» [Бродский 1994: 154]. Именно это в некотором смысле сделали Стругацкие: воспользовавшись приемами научной фантастики и/или просто фан-

---

[10] Два шедевра Платонова — «Чевенгур» (1927–1929) и «Котлован» (1930) — были впервые опубликованы на родине только в последние годы существования Советского Союза. Оба произведения представляют собой горестное предвидение того, как утопическая идея порождает свою противоположность: ведет к уничтожению будущего поколения.

тастики, они совершили воображаемый скачок из существующего миропорядка и основали экспериментальный новый порядок в «Граде обреченном». Однако ничего не поменялось. Наступил конец истории, но почему-то никто не объявил результатов Эксперимента. Ночные кошмары, породившие новый литературный стиль — сюрреализм в широком смысле слова, — в 1920-х и 1930-х годах перестали быть кошмарами, превратившись в привычную реальность. Сюрреализм сменился реализмом.

Если мы еще раз обратимся к московскому кафе «Жемчужница», то обнаружим, что за его реалистическим пространством скрывается сюрреалистическая основа. Нелепость проявляется прежде всего на лексическом уровне: «Есть в нашем жилом массиве такое симпатичное заведение...» [Стругацкие 1986, 9: 77][11]. Хотя бюрократический архитектурный термин «жилой массив» уже прижился в языке — и пейзаже! — поэтому рассказчик вроде бы использует его без иронии, прилагательного «симпатичное» в такой крайней близости к нему хватает, чтобы привлечь внимание читателя к ощущению иронии, нелепости и ирреальности. Слова «жилой массив» вызывают в воображении либо геологическую структуру, что-то вроде древнего горного хребта, где все живое давно окаменело, превратившись в ископаемые, либо, наоборот, один из традиционных научно-фантастических образов, связанных с условиями жизни в далеком антиутопическом будущем. Здесь уже нет места «маленькому симпатичному кафе»[12]. Находится ли пространство действия в далеком антиутопическом будущем, или же это выражение не соотносится напрямую с реальностью, выступая простым бюрократическим клише, — рассказчик использует слова «жилой массив» для метафорического обозначения жилищного блока.

---

[11] Журнальная версия. — *Примеч. ред.*

[12] Кстати, в книжном издании «Хромой судьбы» одним из немногих изменений, внесенных авторами, была замена слов «симпатичное заведение» на «питейное заведение». Ироничное несоответствие потерялось, но антиутопическая однообразность усилилась.

Истина, конечно, где-то посередине, между буквальной абсурдностью выражения и образным клише. Как и в прозе Платонова, повседневная реальность персонажей оказывается подвешенной между абсурдностью и клише. Следует отметить тематическую значимость того, что Стругацкие пользуются, хотя и не повсеместно, лингвистическими достижениями Платонова. По утверждению Бродского, о языке прозы Андрея Платонова «с одинаковым успехом можно сказать, что он заводит русский язык в смысловой тупик или — что точнее — обнаруживает тупиковую философию в самом языке» [Бродский 1994: 154]. Все-таки в Москве Сорокина может присутствовать «языковая энтропия».

После Булгакова

Встреча Сорокина с обладателем партитуры труб, возвещающих апокалипсис, как мы видели, происходит в кафе под названием «Жемчужница». Если отвлечься от бросающейся в глаза комической нелепости того, что столовая в совсем не приморском городе названа в честь морской драгоценности (это вовсе не редкость), то можно разглядеть цепочку отсылок, ведущих от названия кафе к литературным и философским ориентирам Стругацких. Хотя внешний сюжет романа понятен и без подобных отсылок, авторы постарались придать фантастическому сюжету дополнительное измерение. Название кафе — часть сети отсылок к известному гностическому мотиву, повторяющемуся в ряде поздних романов Стругацких. Жемчужина как гностический символ также связывает Стругацких с самыми значительными их предшественниками в русской апокалиптической литературе, а именно с Андреем Белым и Михаилом Булгаковым.

В христианской традиции жемчужина появляется в притче из Евангелия от Матфея (13:45–46): «Еще подобно Царство Небесное купцу, ищущему хороших жемчужин, который, найдя одну драгоценную жемчужину, пошел и продал всё, что имел, и купил ее». В притче подразумевается: последователи учения Христа должны быть готовы отказаться от всего, что имеют, ради величайшего дара. Сложно понять, какое отношение библейская притча имеет к событиям, происходящим с рассказчиком в «Хромой судьбе». Однако имеется еще один источник смыслов, связанных с жемчужиной, который не раз выступает как подтекст в творчестве Стругацких. Этот источник можно найти в гностических Евангелиях. Гностическая «ересь» стала самой ранней и самой опасной угрозой для становления ортодоксального христианства и кафолического (всеобщего) канона, одержавших со временем победу. Хотя гностицизм как альтернативное религиозное движение к III веку был целиком и полностью уничтожен, а тексты с гностическим символом веры буквально ушли в подполье, до конца он никогда не прекращал существовать. В доктрине гностиков жемчужина обретает сложное символическое значение в поэтической притче, известной под названием «Гимн жемчужине». Можно восстановить апокалиптический подтекст сцены в московском кафе, если вспомнить контекст появления образа жемчужины в двух других произведениях Стругацких. Отголоски образного ряда «Гимна жемчужине» встречаются в сорокинском черновике «Града обреченного» — романа в романе. И целое сочинение о смысле жемчужницы присутствует в «Отягощенных злом», опубликованных всего через два года после «Хромой судьбы».

«Гимн жемчужине» относится к «Деяниям апостола Фомы», которые сейчас входят в кодекс из Наг-Хаммади. После поразительной находки в 1945 году тайника с апокрифическими рукописями I и II веков, написанными на коптском языке (древнем языке египетских христиан), заново разгорелись споры вокруг исторического существования Христа и самых влиятельных альтернативных учений, основанных на Его проповеди и процветавших по меньшей мере три столетия после Его смерти. В Советском Союзе и Восточной Европе пользовались широкой известностью научные и научно-популярные сочинения с отрывками из гностических текстов и их толкованием. Их читала образованная публика, уже привыкая отсеивать официальную интерпретацию и находить религиозные и политические истины между строк[13].

В «Гимне жемчужине» повествование ведется от первого лица — от имени принца, приезжающего с Востока в Египет, чтобы овладеть единственной в своем роде жемчужиной, вокруг которой обвился огромный храпящий змей. Въезжая в Египет, принц надевает одежду местного населения, дабы его не узнали, но старается в глубине сердца сторониться их «нечистых касаний». В конечном итоге его обманом заставляют вкусить местную пищу (символ, вероятно, материального благополучия как такового), и он забывает о том, что должен усыпить змея и похитить жемчужину. Когда принц получает письмо, напоминающее ему о его цели, его сердце пробуждается, он вспоминает о жемчужине и погружает змея в сон на время, которого ему хватает, чтобы завладеть жемчужиной и вернуться — в сияющих одеждах славы, символизирующих внутренний свет, — на родину. Змей — это уроборос, олицетворяющий в гностической мифологии злое начало, окружающее мир. Жемчужина — духовная сущность, или божественное начало, от которого большинство человеческих существ отделено во время пребывания на земле. В своих поисках принцу приходится преодолеть много препятствий, но принципиальное различие между гностической притчей и другими мифами и сказками, построенными на идее поисков, за-

---

[13] Источник моего описания «Гимна жемчужине» — чешский перевод и комментарии чешского исследователя Библии Петра Покорны, чья книга «Гимн жемчужине» вышла в Праге в 1986 году. Книгу быстро раскупили. Интеллигенция ценила автора за сочувственный по отношению к гностицизму текст, хотя он и пытался следовать тогдашней официальной линии партии. Например, рассматривая взгляды гностиков на историю как на хаотичный, по сути случайный цикл, лишенный божественной — не будем говорить марксистской— целесообразности, Покорны как бы извиняется за них: «Мы должны попытаться понять [гностиков], которые искали духовную пристань, когда мир Римской империи казался бессмысленным, а их путь к просвещению был сопряжен с экономическими и политическими препятствиями» [Pokorný 1986: 26]. Очевидно, что в данном контексте «мир Римской империи» можно сравнить с современным «миром советской империи», и, соответственно, становится понятной нынешняя привлекательность определенных сторон гностической мысли как «духовной пристани».

ключается в том, что главное препятствие в достижении цели для гностического принца состоит не в нарушении табу, встрече с реальным воплощением зла или даже смерти. В гностической мифологии главное препятствие в достижении цели — впасть в состояние невежества, забвения, самодовольства и сна.

В этом свете становится понятно, почему советскую / российскую интеллигенцию привлекало учение гностиков, а не православное христианство или более экзотические верования (например, индуизм). Поколения советских граждан не получали никакого религиозного воспитания, а только подвергались идеологической обработке против религии — «опиума для народа», если использовать знаменитое изречение К. Маркса. Для многих христианские тексты и доктрины были так же незнакомы, как и любые другие, и было вполне естественно возводить свой собственный духовный бастион против секулярного и секуляризующего государства, черпая из разнородных источников информации. Как минимум со времен И. В. Сталина советский средний класс профессиональных специалистов безропотно шел на то, что Вера Данэм назвала «большой сделкой»: по ее условиям советское государство предлагало умеренное, но стабильное увеличение материального благосостояния и социального статуса для тех, кто закрывал глаза на этические изъяны политического строя. Получается, что в контексте советской тоталитарной системы грех добровольного невежества, самоуспокаивающего сна и забвения оказывался, по сути, наиболее серьезным из грехов. Неудивительно, что Стругацкие дополняли свои рассказы о наполовину спящих интеллигентах символами, почерпнутыми из знакомой им гностической мифологии.

В романе 1988 года «Отягощенные злом» гностическая притча о жемчужине пересказана с псевдонаучной объективностью. Вводный абзац к этому современному «Гимну» похож на популярную энциклопедическую статью под заголовком «Жемчужница»:

> В общем, это довольно обыкновенные и невзрачные ракушки. Употреблять их в пищу без крайней надобности не рекомендуется. И пользы от них не было бы никакой, если бы нельзя было из этих раковин делать пуговицы для кальсон и если бы не за-

водился в них иногда так называемый жемчуг (в раковинах, разумеется, а не в кальсонах). Строго говоря, и от жемчуга пользы немного, гораздо меньше, чем от пуговиц, однако так уж повелось испокон веков, что эти белые, розовые, желтоватые, а иногда и матово-черные шарики углекислого кальция чрезвычайно высоко ценятся и числятся по разряду сокровищ [Стругацкие 2000–2003, 9: 135].

Научно-популярный жаргон легко смешивается с канцеляритом и его грамматическими порождениями: «объектным» страдательным залогом и возвратными глагольными конструкциями. Что касается этой разновидности устриц, то «употреблять их в пищу без крайней надобности не рекомендуется». Стилистическое выделение несочетаемости стилей бросает сатирический свет на весь отрывок. Что еще важнее, оно указывает на эпистемологическую основу, на которой может вырасти «научный канцелярит», — чисто утилитарный, материалистический взгляд на мир. От устрицы, которая не годится в пищу или на пуговицы, нет никакой пользы. Образование жемчужины (драгоценности!) в устрице описывается в биологических терминах, как секс в учебнике, чтобы максимально увеличить контраст между заранее сложившимся представлением читателя о красоте жемчужины и ее природным, почти неприличным происхождением: «Образуются жемчужины в складках тела моллюска, в самом, можно сказать, интимном местечке его организма, когда попадает туда... какой-нибудь омерзительный клещ-паразит» [Стругацкие 2000–2003, 9: 135]. Научный язык прекрасно подходит для описания биологических процессов, но совсем не подходит для описания процессов духовных. Зачем же тогда Стругацкие решили изложить в псевдонаучном стиле гностические Евангелия?

Мы сможем полнее ответить на этот вопрос, если вспомним, что Булгаков в «Мастере и Маргарите» переписывает Евангелие художественным языком исторического реализма. Его версия встречи Понтия Пилата с Иешуа и последующего распятия (в «реалистической» версии Булгакова — «казни») разворачивается в человеческом масштабе, и восприятие происходящего каждым героем описывается с осязаемыми подробностями. Булгаков стремился создать версию Евангелия, которая была бы исторически правдоподобной для современной аудитории и политически востребованной, хотя она и переворачивает с ног на голову многие основополагающие идеи канонических Евангелий. Стругацкие сознательно следуют примеру Булгакова (и Л. Н. Толстого — до него), но вносят в свое антиевангелие элемент пародийности и снижения стиля. (Например, Стругацкие воспроизводят типичное для Булгакова включение кулинарных деталей в контекст евангельской истории, однако со знаком «минус».) Выбор научно-популярного стиля — вместо стиля исторической хроники — для этого пересказа отчасти обусловлен собственными художественными ограничениями Стругацких, но, возможно, также служит показателем изменений, происшедших с момента написания Булгаковым его апокалиптического романа. Ясно, что Стругацкие стремились подражать манере советской антирелигиозной пропаганды, пытавшейся объяснить религию, «объективно» рассказывая о ее доисторическом, мифологическом происхождении. Когда язык успешно очищен от религиозной и культурной терминологии, восприятие духовных ценностей в человеческой жизни оказывается под угрозой. Роман Булгакова — веское свидетельство о превосходстве абсолютных добра и зла над относительными истинами истории. Только апокалиптическая цивилизация (Булгаков сравнивает императорский Рим со сталинской Россией) заменяет Царство Божие царством кесаря. Герои Стругацких живут по крайней мере на одно поколение *после* героев Булгакова — они сироты без духовной или культурной памяти. Сложность, с которой герои Стругацких выражают свое интуитивное восприятие духовных ценностей, еще раз свидетельствует о том, что они находятся за пределами *осмысленной* истории. Например, в «Граде обреченном» Изе очень сложно описать систему нравственных ценностей, определяющих смысл и направление истории, без обращения к «религиозной терминологии»: «Храм — это же не всякому дано <...> У храма есть (Изя принялся загибать пальцы) строители. Это те, кто его возводит. Затем, скажем, м-м-м... тьфу, черт, слово не подберу, лезет все религиозная терминология... Ну ладно, пускай — жрецы» [Стругацкие 2000–2003, 7: 511].

Ранее нам уже приходилось отмечать, как невыносимо сложно Андрею сформулировать на доступном ему русском языке свое этическое мировоззрение. То, насколько плохо он разбирается в «религиозной терминологии» Изи, говорит о том, что он плохо разбирается и в культурных ориентирах, задающих направление прошлому (и будущему) его цивилизации.

Современная притча Стругацких о жемчужине вписывается в последующее развитие христианской культуры, когда Агасфер — он же святой Иоанн — обнаруживает гностическую аналогию между жемчужиной и человеческой душой. Двусмысленность датировки намеренна: исторически оба прототипа Вечного жида — раб Малх и апостол Иоанн — были современниками Иисуса. Деятельность Иоанна «в конце восьмидесятых» относится к I веку. Аналогия с путаницей в вере (верах) в конце 80-х годов XX века также намеренна.

> Где-то в конце восьмидесятых годов, в процессе непрекращающегося расширения областей своего титанического сверхзнания, Иоанн-Агасфер обнаружил вдруг, что между двустворчатыми раковинами вида П. маргаритафера и существами вида хомо сапиенс имеет место определенное сходство. Только то, что у П. маргаритафера называлось жемчужиной, у хомо сапиенсов того времени было принято называть т е н ь ю. Харон перевозил тени с одного берега Стикса на другой. Навсегда. <...> Они были бесконечны во времени, но это была незавидная бесконечность, и поэтому ценность теней как товара была в то время невысока. Если говорить честно, она была равна нулю. В отличие от жемчуга [Стругацкие 2000–2003, 9: 136].

Переключаясь с обычного названия жемчужницы на ее (пусть и искаженное) латинское видовое название «Margaritifera margaritifera», авторы усиливают видимость научной объективности, одновременно намекая на внетекстовую связь с «Мастером и Маргаритой» Булгакова.

И. Л. Галинская, исследуя гностические мотивы в «Мастере и Маргарите», смогла убедительно доказать, опираясь на многочисленные примеры в булгаковском тексте, свое предположение о том, что Маргарита — воплощение гностического женского начала [Галинская 1986]. Галинская предполагает, что при выборе имени героини — Маргарита — на Булгакова повлияли произведения украинского философа Г. С. Сковороды. В одном отрывке, который цитирует Галинская, Сковорода называет женское начало мира «перломатерь... сего маргарита» [Галинская 1986: 88]. Белый также осознаёт привлекательность мистических, антиэмпирических сочинений украинского философа для «восточного» мировоззрения русской интеллигенции. В предпоследней строке «Петербурга» о Николае Аполлоновиче «говорят, что в самое последнее время он читал философа Сковороду». Маловероятно, что Стругацкие намеренно ссылались на Сковороду через Булгакова или Белого. Возможно, как я предположила ранее, их образы взяты непосредственно из знаменитой гностической притчи «Гимн жемчужине». Однако похоже, что сближение их темы с булгаковской через простое имя — Маргарита — косвенно подтверждает основную идею Галинской о гностической философии, «спрятанной» в романе Булгакова.

В одном интервью Аркадий Стругацкий отметил: «Мы были бы, наверное, гораздо более интересными писателями, прочитай Булгакова раньше» (то есть, видимо, до первой официальной публикации в середине 1960-х) [Стругацкие 1987: 100]. Эта фраза подтверждает точку зрения, которой я придерживаюсь при анализе роли Стругацких в развитии русской традиции апокалиптической литературы после Булгакова и Белого. Стругацкие повлияли на формирование образа апокалипсиса в современной русской литературе, не *подражая* булгаковскому стилю и мировоззрению, но *отвечая* на него.

Я уже продемонстрировала, как современное, реалистическое пространство действия романов Стругацких может оказаться пропитанным метафизическими смыслами. Московская квартира Сорокина и кафе по соседству полны апокалиптических образов. На стене кухни захудалого общежития в Ташлинске — апокалиптическое граффито. «Град обреченный», как и его географический двойник Санкт-Петербург (Ленинград), располагается между двумя метафизическими полюсами — материи и вечности. Интересно, как отличается апокалиптическое пространство действия у Стругацких и у их предшественников. Обычно в поэзии и прозе литераторов Серебряного века, а равно и в романе Булгакова предчувствие конца времен отражается в расплывчатых символических пейзажах с туманом, полной луной, зрелищными закатами и т. д. Можно было бы назвать их «метеорологическим апокалипсисом»[14]. Например, Москва 1930-х годов никак не меняется из-за сверхъестественного присутствия Воланда и его свиты. Только в последней сцене «Мастера и Маргариты» сам пейзаж становится насквозь апокалиптическим:

> Гроза, о которой говорил Воланд, уже скоплялась на горизонте. Черная туча поднялась на западе и до половины отрезала солнце. Потом она накрыла его целиком. На террасе посвежело. Еще через некоторое время стало темно. <...>
> Комната уже колыхалась в багровых столбах, и вместе с дымом выбежали из двери трое, поднялись по каменной лестнице вверх и оказались во дворике. Первое, что они увидели там, это сидящую на земле кухарку застройщика, возле нее валялся рассыпавшийся картофель и несколько пучков луку. Состояние кухарки было понятно. Трое черных коней храпели у сарая, вздрагивали, взрывали фонтанами землю [Булгаков 1969: 456–467].

«Реалистическая» булгаковская Москва, потемневшая вследствие захода солнца и опустошенная огнями ада, перестает существовать. Апокалиптические события уносят главных героев — и читателя — за пределы эмпирического времени и пространства, на чисто фантастические уровни романа.

Уникальность стиля Стругацких заключается в том, что он стирает различия между современным реалистическим и апокалиптическим пространством действия. С одной стороны, главные герои вроде бы существуют вне исторического времени

---

[14] Термин «метеорологический апокалипсис» был предложен Львом Лосевым (в личной беседе).

и пространства: в дантовском подтексте «Града обреченного», в гностической рукописи «Отягощенных злом» и в вымышленных подтекстах (связанных с Акутагавой и Булгаковым) «Хромой судьбы». Однако не менее ощутимо и их присутствие в Советском Союзе последних десятилетий XX века. Пространство действия служит связующим звеном между фантастическим и реалистическим уровнями текста: оно в равной мере подходит для обоих.

В конце «Хромой судьбы», романа отчасти автобиографического, рассказчик вступает в галлюцинаторный диалог со своей «музой» — автором «Мастера и Маргариты». Эта беседа поучительна, поскольку Сорокин вкладывает собственный опыт в слова призрака Булгакова. Поиски Сорокиным (и авторами) смысла и значения оказались перенаправлены экзистенциалистской реакцией на апокалиптические события середины XX века. Вера в возможность причастности к чему-то высшему — не важно, через искусство или через религиозное спасение, — была подорвана. Воскресший в возбужденном воображении Сорокина Булгаков говорит от лица поколения, увидевшего, как воплотились в жизнь самые дурные предчувствия Михаила Афанасьевича. По словам булгаковского Воланда, «рукописи не горят». Искусство выживает даже тогда, когда на земле царят силы зла. Это знаменитое изречение о бессмертии искусства опровергается в «Хромой судьбе»: «Мертвые умирают навсегда, Феликс Александрович. Это так же верно, как и то, что рукописи сгорают дотла. Сколько бы ОН ни утверждал обратное» [Стругацкие 2000–2003, 8: 499].

Пересматривается также и судьба Мастера (художника). Булгаковский Мастер заслужил покой, если и не свет, за счет вмешательства Маргариты, а Сорокин не заслуживает ничего.

> Разумеется, людям свойственно ожидать награды за труды свои и за муки, и в общем-то это справедливо, но есть исключения: не бывает и не может быть награды за муку творческую. Мука эта сама заключает в себе награду. Поэтому, Феликс Александрович, не ждите вы для себя ни света, ни покоя. Никогда не будет вам ни покоя, ни света [Стругацкие 2000–2003, 8: 502–503].

Возможно, воскресший Михаил Афанасьевич (Булгаков), который появляется в конце «Хромой судьбы», — это голос совести самого Феликса Александровича Сорокина. Не стоит забывать, что Сорокин считается успешным автором социалистической реалистической прозы на «военно-патриотическую тему» и пользуется материальными благами, получаемыми за лояльность к правящей верхушке. Но это не помешало ему написать книгу, которая отражает правду. Он называет свою книгу «Гадкие лебеди» «новым Апокалипсисом». В моменты страха и отчаяния Сорокин размышляет, не сжечь ли собственную правдивую книгу, но не делает этого, потому что не знает, «как... жечь — при паровом-то отоплении» и без печки. Эта ущербная шутка еще раз напоминает об общих принципах загадочной взаимосвязи между советскими городскими удобствами и результатами всемирной духовной борьбы — борьбы, которая ведется испокон веков в лиминальных городах русской литературы.

Глава четвертая
Чужие нашего времени

> *М. С. Горбачев*: Наши взгляды на мир могут отличаться, но тем не менее у нас общее Отечество, общее прошлое и общее будущее.
> *Отец Иннокентий*: Конечно, если вы смотрите на него с исторической позиции. Но мы, христиане, стремимся к тому, что находится за пределами истории, и в этом наши будущие могут сильно отличаться.
>
> *Беседа. 1989*

Влияние Николая Федорова

В городе «Гадких лебедей», насквозь пропитанном дождем, возникла раса генетических мутантов, и, подобно Пестрому Дудочнику, эта раса мутантов угрожает увести детей из города, привлекая их заманчивыми обещаниями лучшего мира. Внешне мутанты, которых называют мокрецами, выглядят физически отталкивающими и нездоровыми. Они мокрые, угрюмые, лысые, с желтыми кругами вокруг глаз — отсюда их второе презрительное прозвище — «очкарики». Они живут в «лепрозории» за городом. Но у них собственная высокоразвитая интеллектуальная культура, и Виктор Банев упоминает одного из их философов, Зурзмансора, в одном ряду со Шпенглером, Фроммом, Гегелем и Ницше.

Мокрецы в «Гадких лебедях» представляют тот же тип сверхцивилизации, что и Странники (в цикле истории будущего) и людены (в романе «Волны гасят ветер»). Своих менее развитых собратьев — людей они просто оставляют в стороне, как отстраняют от серьезного разговора маленьких детей, но не собираются мстить им или уничтожать их. Они просто отбирают наиболее многообещающих представителей человечества, чтобы населить ими собственное утопическое пространство (в этом романе как материал для будущего человечества выбраны городские дети) и увести их от антиутопической реальности. Мокрецы феноменально начитанны (кажется, что книги нужны им больше пищи) и асексуальны. В отличие от ранних утопических героев Стругацких у них нет гуманистических иллюзий и моральных сомнений относительно права выбирать и «спасать». Этот момент следует отметить: изменения в творчестве Стругацких, если сравнивать их раннюю научную фантастику с их зрелой прозой — назовем ее так — отражают принципиальные изменения в настроениях общества. Они отражают отход гуманизма и культурного релятивизма с передовых позиций на оборонительные. Именно в этот момент начинается скрытый диалог с Федоровым.

Воздействие идей философа Н. Ф. Федорова (1828–1903) на русско-советскую литературу и науку долго недооценивалось. Больше всего, очевидно, мешало заниматься изучением роли Федорова то, что его имя и произведения были под запретом на протяжении свыше 30 лет после прихода к власти Сталина. По Дж. Янгу, впервые после долгого молчания Федоров был упомянут в советской печати в 1964 году, при публикации мемуаров В. Б. Шкловского [Young 1979]. В своих мемуарах Шкловский восстанавливает тот факт, что К. Э. Циолковский, гений ранней советской космической технологии, был учеником и последователем не кого иного, как Н. Ф. Федорова[1]. После этого началось все более интенсивное изучение неявного, но существенного влияния Федорова на русскую культурную и интеллектуальную жизнь.

Современники Федорова Достоевский, Л. Толстой и Соловьев считали его гением. Но только последующие поколения нашли прямое применение грандиозному синтезу религиозного идеализма и научного эмпиризма этого философа в искусстве и науке. Свободомыслящее христианство Федорова вызывало огром-

---

[1] Константин Эдуардович Циолковский (1857–1935) заложил теоретические и практические основания современной космической технологии в Советском Союзе. О взаимоотношениях Циолковского и Федорова можно прочитать в великолепном кратком исследовании М. Холквиста [Holquist 1985–1986].

ный интерес в атмосфере апокалиптических предчувствий и бурных ожиданий второго пришествия в начале XX века. Более того, его представления о том, какие конкретные, научно допустимые шаги необходимо предпринять для достижения утопической цели человечества — всеобщего братства, продолжали отвечать духу времени даже после революции. В начале 1920-х годов победивший марксизм все еще шел рука об руку со своего рода космическим романтизмом, предусматривающим распространение нового порядка за границы государства — в космос. Таким образом, идеи Федорова, с одной стороны, пронизывают почти всё модернистское движение в русской литературе; с другой стороны, они стимулируют научные исследования и технологические эксперименты, которые со временем приведут к запуску в открытый космос первого советского спутника.

Поколение писателей, игравших ведущую роль — или сформировавшихся — в эпоху Серебряного века, почти все в чем-то было обязано Федорову разными аспектами своего мировоззрения. Одержимость В. В. Маяковского мотивом вечной жизни и физического воскресения зиждилась на его понимании идей Федорова. «Космические» стихотворения В. Я. Брюсова о жизни на других планетах и его аллегорические научно-фантастические рассказы выдают знакомство с философской системой Федорова. Представление Н. А. Заболоцкого о царстве наделенных умом и душой растений и животных на Земле и о колонизации человечеством других планет явно сформировалось под влиянием сочинений Федорова и Циолковского. Влияние Федорова на Андрея Платонова в последнее время служит предметом особого внимания[2]. Нам не следует слишком сильно удивляться, когда

---

[2] Валерий Яковлевич Брюсов (1873–1924) — поэт, романист и критик; возглавлял русское символистское движение в начале XX века. Владимир Владимирович Маяковский (1893–1930), один из самых выдающихся русских поэтов XX столетия, вложил свою безграничную энергию и талант в развитие футуристического движения в искусстве до революции и в новое, пропагандистское искусство после революции. Николай Алексеевич Заболоцкий (1903–1958) — поэт, творчество которого пронизывает тема стремления к индивидуальному бессмертию. О влиянии Федорова на Платонова см. [Teskey 1982].

мы обнаружим, что некоторые аспекты философии Федорова обретают новую литературную жизнь и в произведениях Стругацких, особенно после того, как мы признали, что в них ведется непрерывный диалог не только с Булгаковым, но и с темами апокалипсиса и второго пришествия, характерными для русской литературной сцены почти до 1930-х годов.

Однако глава в истории русской литературы, которая сформировала бы более подходящую основу для представленного ниже материала, все еще не написана — это должна быть глава, подробно рассказывающая об определяющем влиянии философии Федорова на зарождение и раннее развитие оригинальной русской научно-фантастической традиции. Леонид Геллер лишь поверхностно затрагивает эту тему в своем многогранном исследовании истории советской научной фантастики, прежде чем сделать следующий вывод:

> Три главные темы явственно проступают на фоне этой фантастической пестряди: преобразование земной природы и всей планеты, проблема бессмертия и завоевание космоса. Темы эти пришли в советскую литературу не с Запада; они взяли свое начало в системе взглядов философа, с которым мы уже хорошо знакомы, — Николая Федорова [Геллер 1985: 63].

В цели данной книги не входит восполнение деталей, которые опускает Геллер. Вместо этого мы бегло ознакомимся с проявлением федоровских тем и мотивов в творчестве Стругацких. Сложность и многогранность сочинений Федорова, опубликованных после его смерти, не поддается простому объяснению и толкованию. Его философия «супраморализма» основывается на идее о том, что человечество может миновать апокалипсис, стремясь, по завету Христа, к «вечной жизни». Апокалипсис не неизбежен, если человечество пойдет по правильной дороге к Богу, то есть научится побеждать смерть. У человечества есть четкая моральная, а также научная обязанность победить смерть, являющуюся предельным выражением хаоса и энтропии, то есть противоположностью космоса и гармонии. Смерть — зло, и задача человечества — избавить природу от смерти. Чтобы сделать это, учил Федоров, людям нужно прекратить напрасно тратить свое время и силы, убивая друг друга, и сплотиться всем вместе для решения общей задачи физического воскрешения наших предков, а также достижения бессмертия живущими. Значительно увеличившееся из-за воскресения предков население можно поселить в космическом пространстве, которое Федоров считал истинной средой обитания *Homo sapiens*. Кстати, новаторство Циолковского в воздухоплавательном машиностроении было прямым, практическим ответом на необходимость большего пространства для человечества в бессмертном будущем.

Второй, сопутствующий аспект учения Федорова состоит в том, что всё во Вселенной живое и что человеческие существа в ответе за формирование и управление всем живым, за окончательную победу над хаосом и смертью. Другими словами, Федоров расширяет рамки устремлений, уже имплицитно присутствующих в восточном, православном христианстве, то есть рассматривает всю материю как «духоносную», а историю космоса — как эволюцию материи в дух. Для Федорова ныне существующая разница между жизнью камней и жизнью людей — это разница исключительно в уровне сознания. Отсюда следует, что человек как высшая форма сознания отвечает за регуляцию остальной природы и ведет ее по пути к существованию на чисто духовном уровне. Бог низводится до достаточно беспомощной трансцендентности, а человек берет на себя центральную, активную роль в собственном спасении. Эта «прометеевская» сторона учения Федорова в сочетании с человеческой трансцендентностью доходит до полного отвержения светского гуманизма. Федоров не делает ставку на развитие гуманистических наук во имя постепенного общественного прогресса — для него важнее синтез принципов православия и строгого научного этоса, позволяющий коренным образом переосмыслить человеческий удел. «Философия общего дела» Федорова основывается прежде всего на допущении того, что смерть можно и нужно преодолеть. Наука и технология должны быть направлены на то, чтобы обеспечить физическое, индивидуальное бессмертие. После того как человек получит средства для победы над смертью, отпадет надобность в половом размножении (поскольку вместо этого люди будут заняты воскрешением предков). У этой стороны учения Федорова много общего с основными принципами гностицизма, только воспринятыми буквально. Один из вариантов идеологического пересечения Стругацких с православием можно найти в романе «Волны гасят ветер».

В этом романе, последней книге Стругацких из цикла истории будущего, полоумный ученый проливает свет на загадочные цели и методы Странников в документе, который получает известность как Меморандум Бромберга. Тайные намерения, приписываемые чуждой цивилизации Странников, основываются на упрощенном пересказе основных идей Федорова:

> ...мы обнаруживаем для Разума лишь две реальные, принципиально различающиеся возможности. Либо остановка, самоуспокоение, замыкание на себя, потеря интереса к физическому миру. Либо вступление на путь эволюции второго порядка, на путь эволюции планируемой и управляемой, на путь к Монокосму.
> <...> Понятие «дом» расширяется до масштабов Вселенной. <...> Возникает новый метаболизм, и, как следствие его, жизнь и здоровье становятся практически вечными. Возраст индивида становится сравнимым с возрастом космических объектов — при полном отсутствии накопления психической усталости. Индивид Монокосма не нуждается в творцах. Он сам себе и творец, и потребитель культуры. По капле воды он способен не только воссоздать образ океана, но и весь мир населяющих его существ, в том числе и разумных. <...>
> Каждый новый индивид возникает как произведение синкретического искусства: его творят и физиологи, и генетики, и инженеры, и психологи, эстетики, педагоги и философы Монокосма. Процесс этот занимает, безусловно, несколько десятков земных лет и, конечно же, является увлекательнейшим и почетнейшим родом занятий Странников. Современное человечество не знает аналогов такого рода искусства, если не

считать, может быть, столь редких в истории случаев Великой Любви.

«СОЗИДАЙ, НЕ РАЗРУШАЯ!» — вот лозунг Монокосма [Стругацкие 2000–2003, 8: 541–542].

В меморандуме пункт за пунктом излагаются основные принципы Федорова: православное ви́дение гармоничного, альтруистического и духовного братства людей, достигаемое запланированным и управляемым подчинением природы наукам, которые не только одолеют смерть, но и сделают возможной божественную способность к воскрешению и созданию новой жизни. Бессмертная раса свободно расселится по всему космосу. Слово «монокосм» — греческий аналог русского слова «соборность», обозначающего коллективную общность (понятие, ключевое для русского православия в целом и для его интерпретации Федоровым). Более того, режущее слух наслоение в Меморандуме Бромберга религиозных понятий и материалистического языка читается как травестийное обыгрывание стилистики сочинений Федорова, состоящих из поразительной смеси церковнославянизмов и новейшей научной терминологии.

В эволюции поэтики Стругацких значение героя как гуманиста-просветителя (например, дона Руматы в «Трудно быть богом») постепенно уменьшается, а роль чужих сверхлюдей увеличивается. Принцип формирования образов смещается: на смену терпящему поражение, разочарованному просветителю приходит могущественный федоровский сверхчеловек. Смещение акцента с человека на чужака логично и неизбежно, поскольку реалистичность главного героя нечеловеческого происхождения в научной фантастике Стругацких растет прямо пропорционально ослаблению позиции героя-гуманиста.

Если отстраниться и посмотреть на все творчество Стругацких издалека, эта закономерность становится понятной: неуловимые Странники ранних романов и рассказов из истории будущего вступают в более поздние произведения как конкретные, сложившиеся персонажи в виде мокрецов, люденов и ученого Вечеровского из повести «За миллиард лет до конца света» (1976).

Всех этих персонажей — чужих объединяет их связь с федоровским и гностическим мотивами. Оба мотива часто смешиваются: элементы учения Федорова и элементы гностической мифологии нередко сливаются в единую систему образов. Итак, Стругацкие и документируют интересный процесс культурной трансформации, и участвуют в нем. Их сочинения отражают перерождение подпольных интеллектуальных течений и смешение разных течений воедино, что выливается в создание новых культурных мифов.

Ученые

Действие повести Стругацких 1976 года «За миллиард лет до конца света» разворачивается сугубо в эмпирических временны́х и пространственных рамках тогдашней ленинградской квартиры. Телефонный номер главного героя — это просто ленинградский номер Бориса Стругацкого с заменой одной цифры. Читатель должен почувствовать, будто он находится в гостях у обычного советского ученого, размышляющего над научной проблемой знойным июльским утром в середине 1970-х годов. Темп развития сюжета ускоряется, когда нескольких ученых из очень разных научных областей ни с того ни с сего начинают отвлекать и заваливать угрозами, мешая им работать над самыми перспективными исследованиями. Разными путями они приходят к выводу, что оказались жертвами некой абстрактной, гипотетической сверхцивилизации. Эта сверхцивилизация защищает принцип «гомеостазиса» во Вселенной, не позволяя человеческому разуму заходить слишком далеко. К концу повести только один ученый, математик Вечеровский, не сгибается под оказываемым этой сверхцивилизацией давлением — не важно, исходит оно от гипотетического гомеостатического мироздания или от конкретной советской секретной службы (повесть можно прочитать двояко). Вечеровский оставляет злосчастных коллег и их семьи, чтобы продолжить и свое, и их исследования на вершине памирских гор. Главный герой Малянов, напротив, психологически сломлен. Ему приходится принять решение: или уступить сверхцивилизации, которая предпринимает попытки убедительного сексуального шантажа, причиняет материальный ущерб, вызывает на допросы в КГБ и угрожает жизни его сына, или сохранить свою личностную целостность как ученого и человеческого существа, стремящегося к знанию. Однако выхода у него нет. Таким образом, до непосредственного настоящего сужаются не только пространственно-временные рамки жанра, но и этические горизонты главного героя.

В Малянове и его друзьях все еще можно различить следы веселого оптимизма и в меру ироничной веры в разумность социального прогресса, свойственных героям-ученым ранних романов Стругацких. Например, в первой сцене повести «За миллиард лет до конца света» мы видим, что Малянов относится к науке как к подлинному призванию, а не как к скучному ремеслу или опасной фаустианской игрушке. Его радостная увлеченность теоретической физикой частично выражается разговорными, «ласкательными» языковыми оборотами. Он называет интеграл, над которым работает, юмористическими, полуироничными уменьшительными именами.

> [Малянов] уселся и взял ручку. Та-ак... Где же я все-таки видел этот интеграл? Стройный ведь такой интегрешка, во все стороны симметричный... Где я его видел? И даже не константа, а просто-напросто ноль! Ну, хорошо. Оставим его в тылу. Не люблю я ничего оставлять в тылу, неприятно это, как дырявый зуб...
>
> Он принялся перебирать листки вчерашних расчетов, и у него вдруг сладко замлело сердце. Все-таки здорово, ей-богу... Ай да Малянов! Ай да молодец! Наконец-то, кажется, что-то у тебя получилось [Стругацкие 2000–2003, 7: 9–10].

Однако теоретическому открытию Малянова мешает череда обескураживающих и пугающих совпадений, не дающих ему закончить работу. Нескольких его коллег, подвизающихся в других областях, постигает такая же участь. Вскоре они убеждаются, что стали жертвами враждебной сверхцивилизации, которая по каким-то причинам желает помешать им совершить научные открытия. Когда они обсуждают стратегию защиты за бутылкой водки, один из них произносит, демонстрируя свой французский:

«А ля гер ком а ля гер». Весь диалог звучит совершенно естественно, но прочитать его можно двояко: транслитерированная кириллицей *la guerre* превращается в *la ger* и пишется почти как русское слово «лагерь», то есть «концлагерь». Другими словами, «типичный» главный герой Стругацких все еще ест, пьет и отпускает шутки, распределяя время между пирушками и работой над научным открытием; но шутки стали мрачнее, отражая новое положение главного героя как маленького человека, борющегося с превосходящими его силами, чтобы сохранить свободу и личную целостность в единственной сфере жизни, которую он почти может назвать своей собственной, — в научных изысканиях. В итоге выясняется: государство — оно же сверхцивилизация — контролирует даже это.

Постепенно привычный современный быт, окружающий главного героя, начинает показывать сюрреалистический характер. Еще один коллега Малянова, на которого давят, чтобы тот отказался от своей работы — ночью кончает жизнь самоубийством. Во все более кафкианской череде событий Малянов неожиданно подвергается допросу как главный подозреваемый. После допроса он бежит к соседу за поддержкой.

> Слава богу, Фил был дома. И как всегда, у него был такой вид, словно он собирался в консульство Нидерландов на прием в честь прибытия ее величества и через пять минут за ним должна заехать машина. Был на нем какой-то невероятной красоты кремовый костюм, невообразимые мокасины и галстук. Этот галстук Малянова всегда особенно угнетал. Не мог он представить себе, как это можно дома работать в галстуке. <...>
> Они отправились на кухню. <...>
> По кухне прекрасно запахло кофе. Малянов уселся поудобнее. Рассказать [о визите следователя] или не стоит? В этой сверкающей ароматной кухне, где было так прохладно, несмотря на ослепительное солнце, где всегда все стояло на своих местах и все было самого высшего качества — на мировом уровне или несколько выше, — здесь все события прошедших суток казались особенно нелепыми, дикими, неправдоподобными... нечистоплотными какими-то [Стругацкие 2000–2003, 7: 43–44].

Все в материальном существовании Вечеровского отличает его от коллег и соседей. Его необычный уровень жизни усиливает тревожное ожидание, которым проникнут сюжет, — поскольку иронически указывает на то, что к бедам главного героя могут быть причастны сверхъестественные силы. Тот факт, что все связанное с Вечеровским превосходит обычный советский уровень жизни, увеличивает окружающую его таинственность, как будто состояние его одежды и домашней утвари является материальным эквивалентом (подтверждением) его фантастической персональной важности.

С одной стороны, понятно, что здесь ставится знак равенства между несоветским, западным образом жизни (любому российскому читателю ясно: выражение «на мировом уровне или несколько выше» относится к развитому, западному миру) и сверхчеловеком Вечеровским — ученым, невосприимчивым к угрозам и искушениям, который продолжит свое исследование и исследования коллег. С другой стороны, именно благодаря материальному положению Вечеровского («...все было самого высшего качества — на мировом уровне или несколько выше») вновь утверждается нормальный, эмпирический мир. Без Вечеровского условия обыденной советской жизни, незваные гости Малянова и умерший сосед кажутся частью несчастливой, но неизбежной череды событий. На кухне Вечеровского события, случившиеся с Маляновым, представляются неправдоподобными и абсурдными. Однако то, что необычно в Вечеровском, всего лишь обычная обстановка, в которой живут и работают его западноевропейские или североамериканские коллеги; несоответствие между этой нормой и условиями жизни советского интеллектуала оставляет зазор, куда пролезает сюрреалистическое и фантастическое.

Необходимо отметить, что к середине 1970-х годов фигура чужого уже не таинственный космический Странник, а скорее человек, ближайший сосед и коллега главного героя — ученого. В сюрреалистических обстоятельствах, описанных выше, этот коллега начинает приобретать характерные черты чужого.

В какой-то момент Малянов замечает, что «у Вечеровского был совершенно нечеловеческий мозг». А в другой момент

> Вечеровский... разразился глуховатым уханьем, которое обозначало у него довольный смех. Наверное, так же ухали уэллсовские марсиане, упиваясь человеческой кровью, и Вечеровский так ухал, когда ему нравились стихи, которые он читал. Можно было подумать, что удовольствие, которое он испытывал от хороших стихов, было чисто физиологическим [Стругацкие 2000–2003, 7: 49].

Как интеллектуальные способности Вечеровского, так и его личный вкус совпадают с характеристиками философа Николая Федорова во всех биографических описаниях. Федоров, проработавший в главной публичной библиотеке Москвы 25 лет, как говорили, знал не только название и местонахождение, но и содержание каждой книги во всей библиотеке [Young 1979: 11]. Также все биографы отмечали его печально известное равнодушие к искусству и эстетике. С этим русским философом тему чужого в повести «За миллиард лет до конца света» связывают еще несколько «случайных» деталей. Например, Малянову привиделось, что отчество его жены в паспорте — Федоровна, а не Ермолаевна.

Вечеровский планирует продолжить свою работу на вершинах Памира — в месте, чрезвычайно важном для федоровского понимания космической истории.

> Центром... могил предков отдельных племен оказывается Памир, в котором библейское предание отождествляется с преданиями других народов. Эдем, царство жизни, стал Памиром (бесплодною пустынею, по-нынешнему)... [Федоров 1995: 226].

Важнее всего, однако, то, что теория Вечеровского о причинах злоключений ученых основывается на противопоставлении второго закона термодинамики и представлений Федорова об «общем деле» человечества. Скрытая в этом споре телеология утверждает, что цель человеческой деятельности — подняться над природой, тогда как жить по природным законам хаоса и случайности означает поддаться разнузданной энтропии. Малянов резюмирует теорию Вечеровского в следующем отрывке:

> Если бы существовал только закон неубывания энтропии, структурность мироздания исчезла бы, воцарился бы хаос. Но, с другой стороны, если бы существовал или хотя бы возобладал только непрерывно совершенствующийся и всемогущий разум, заданная гомеостазисом структура мироздания тоже нарушилась бы. Это, конечно, не означало бы, что мироздание стало бы хуже или лучше, оно бы просто стало другим — вопреки принципу гомеостатичности, ибо у непрерывно развивающегося разума может быть только одна цель: изменение природы Природы. Поэтому сама суть Гомеостазиса Мироздания состоит в поддержании равновесия между возрастанием энтропии и развитием разума. <...> И то, что происходит сейчас с нами, есть не что иное, как первые реакции Гомеостатического Мироздания на угрозу превращения человечества в сверхцивилизацию. Мироздание защищается. <...>
>
> Вот так примерно — не знаю уж, правильно или не совсем правильно, а может быть, и вовсе неправильно, — я его [Вечеровского] понял. Я даже спорить с ним не стал. И без того дело было дрянь, а уж в таком аспекте оно представлялось настолько безнадежным, что я просто не знал, что сказать, как к этому относиться и зачем вообще жить. Господи! Малянов Д. А. версус Гомеостатическое Мироздание! [Стругацкие 2000–2003, 7: 96–97].

Теория Вечеровского предлагает нечто большее, чем внеземное *ex machina*, которое авторы посчитали необходимым вставить, дабы раскрыть тайну и привести сюжет к развязке. Показательно то, что в повести главные герои с готовностью принимают федоровское по духу предположение Вечеровского как единственное объяснение своего отчаянного положения. Их гуманистическая вера в научный прогресс оказалась несостоятельной в мире «гомеостатической» силы — последняя, очевидно, является аллегорией парализующего отсутствия разделения между наукой и государством на протяжении большей части советского периода. В этих (мета)физических условиях возрождается неувядаемая русская тяга к мистическим синтетическим учениям. Такие качества, как оптимизм и вера, свойственные бывшему герою-гуманисту Стругацких, переносятся на фигуру чужого. Малянов, которому остаются лишь его чувство юмора и человеческая слабость, не может не восхищаться силой и оптимистическим мужеством нового федоровского героя:

> [Вечеровский] уедет на Памир и будет там возиться с вайнгартеновской ревертазой, с Захаровыми феддингами, со своей заумной математикой и со всем прочим, а в него будут лупить шаровыми молниями, насылать на него привидения, приводить к нему обмороженных альпинистов, в особенности альпинисток, обрушивать на него лавины, коверкать вокруг него пространство и время, и в конце концов они таки ухайдакают его там. Или не ухайдакают. И может быть, он установит закономерности появления шаровых молний и нашествий обмороженных альпинисток... А может быть, вообще ничего этого не будет, а будет он тихо корпеть над нашими каракулями и искать, где, в какой точке пересекаются выводы из теории М-полостей [исследование Малянова] и выводы из количественного анализа культурного влияния США на Японию [диссертация Глухова], и это, наверное, будет очень странная точка пересечения, и вполне возможно, что в этой точке он обнаружит ключик к пониманию всей этой зловещей механики, а может быть, и ключик к управлению ею... А я останусь дома, встречу завтра Бобку с тещей, и мы все вместе пойдем покупать книжные полки [Стругацкие 2000–2003, 7: 131].

Несмотря на слегка истерический юмор рассказчика, «За миллиард лет до конца света» — одно из самых пессимистичных произведений Стругацких. Авторы не могут сойтись во взглядах относительно выхода из сложившейся ситуации ни с одним из героев. Бесстрашный ученый, который откроет Великую Точку Пересечения, в лучшем случае федоровский одиночка, в худшем — фанатик, стремящийся превзойти границы собственной человечности. С другой стороны, «человечный», семейный ученый и законопослушный советский гражданин показан торжественно беспомощным в наш современный век, век, в котором, по определению Ханны Арендт, господствуют две силы: Наука и (тоталитарное) Государство.

Гностицизм и метафизический дуализм

Нам уже встречались гностические мотивы и образы в описании пространства действия у Стругацких. Глубокий дуализм, который делит мир между добром и злом во всех гностических системах, оказывается зашифрован в «шизофреническом» пейзаже: сине-зеленое ничто — с одной стороны, вечная материя — с другой. Символическое противопоставление тьмы и света, этого мира и иного мира «по ту сторону», материи, «отягощенной злом», и «чистого» духа особенно хорошо развито в манихейской форме гностического учения [Йонас 1998; Lieu 1985]. (Вспомним, как комсомольца Андрея в «Граде обреченном» обвинили в манихействе.) В манихейском разделении мира на царство Бога (света) и царство дьявола (мрака) наша земная жизнь, то есть наше материальное существование, принадлежит полностью царству дьявола. В исключительно благом Царстве Божием нет человеческих существ — там есть только чистый (нематериальный) дух. Таким образом, жить в человеческом теле означает жить со злом; но жить без зла, как чистый дух, по определению означает прекратить быть человеком. В своем подходе к изучению гностических мотивов и символов в сочинениях Стругацких я исхожу из того, что этот явно чуждый, фантастический метафизический дуализм не просто используется ими как научно-фантастическая концепция. Стругацкие прекрасно понимают: «манихейство» не прибыло в современное советское общество из космоса. Напротив, этот тип дуализма (не важно, какого происхождения) давно был неотъемлемой частью русской культуры. Сегодня он проявляется с неожиданной яркостью не только в популярных занятиях спиритизмом, йогой, целительством и другими «внетелесными» практиками, но и в серьезных исторических документах, написанных ведущими умами страны. Например, в своем документальном романе, обличающем сталинистское прошлое, В. С. Гроссман пишет:

> Ах, не все ли равно — виноваты ли стукачи или не виноваты, пусть виноваты они, пусть не виноваты, отвратительно то, что они есть. Отвратна животная, растительная, минеральная,

физико-химическая сторона человека. Вот из этой-то слизистой, обросшей шерстью, низменной стороны человеческой сути рождаются стукачи. Государство людей не рождает. Стукачи проросли из человека. Жаркий пар госстраха пропарил людской род, и дремавшие зернышки взбухли, ожили. Государство — земля. Если в земле не затаились зерна, не вырастут из земли ни пшеница, ни бурьян. Человек обязан лично себе за мразь человеческую [Гроссман 1970: 70].

В высказывании Гроссмана поражает его фундаментальный дуализм: любое телесное существование немыслимо без зла, от которого невозможно освободиться. Вся человеческая, животная, минеральная и растительная жизнь неизбежно грешна и по определению омерзительна. Искра добра проникает в человеческую жизнь из мира иного — это подает человеку знак наполовину забытая божественная сущность, которая некогда была (в соответствии с гностической мифологией) чистым божеством. Согласно этому представлению, материальный мир не был сотворен Богом, а произведен демиургами.

Значительная примесь восточного, гностического, дуалистического мистицизма в русской светской, а также религиозной культуре особенно активно проявилась в первые десятилетия XX века. Отчасти это было реакцией на научный позитивизм, господствовавший в интеллектуальной жизни на протяжении почти всего XIX столетия. Стругацкие изображают персонажей, относящихся к числу научной интеллигенции (ее мужской части), во многом отдавая дань западному (не социалистическому) реализму в духе господствующей традиции, вдохновленной Э. Хемингуэем, но при изображении «других» — женщин, детей и нечеловеческого разума — они вдохновляются совершено иной, отечественной традицией. В целом представляется, что Стругацкие, описывая характеры женщин, детей и чужих, во многом исходили из системы образов гностического дуализма и Востока. Из чего следует, что антиэмпирические, не подражательные элементы стилистики русских модернистского и авангардистского движений в первом десятилетии XX века проявляются ярче всего в образах этих «других».

Женщины

Галинская в исследовании, посвященном «Мастеру и Маргарите», настаивает на том, что в образе Маргариты Булгаков намеревался создать литературное воплощение Божественной Премудрости-Софии — идеи Вечной Женственности Соловьева. Эта София, в свою очередь, заимствована из валентинианской школы гностицизма. Валентин полагал, что тьма, а вместе с нею и разрыв между материей и [Божественным] духом, берет начало в самóй Божественной природе. «Божественная трагедия», как ее называет Г. Йонас, и необходимость спасения — результат изначальной Божественной ошибки и просчета. В какой-то момент совершенный дух [Бог] обнаружил, что часть Его жаждет созидания: «...и однажды у Хаоса возникла мысль перенести себя в начало всех вещей, и он заронил этот замысел, подобно семени, в лоно Тишины [женского рода], что была с ним, и она зачала и породила Разум [Нус: мужского рода]» [Йонас 1998: 184]. Последующие события, в результате которых совершенное предсуществующее Божество (Хаос) отделяется от Своих многочисленных эманаций, которые затем сотворят мир, трактуются по-своему в различных гностических системах. В представлении Валентина Божественное падение представлено судьбой двух символических фигур — это мужественный Первочеловек и женственная Мысль Бога. Последняя, олицетворяющая подверженную ошибкам сторону Бога, известна под именем София, или Премудрость; в конце концов ее страсть и ее ошибка привели к демиургической деятельности, сотворяющей мир. Двусмысленная фигура Софии, занимающая весь диапазон значений от наиболее духовной Мысли Бога до наиболее чувственной страсти, становится в философии Соловьева Вечной женственностью. Галинская без труда находит в тексте Булгакова многочисленные свидетельства, подтверждающие ее предположение, что Маргарита воплощает в себе гностическое женское начало, и в частности Софию Соловьева. Есть у нее и наблюдение, что в романе исключается всякое сексуальное «плотское отношение» между Мастером и Маргаритой. Когда Маргарита преображается в Божественную Софию, способную принести в мир жизнь (то есть вдохновить Мастера на написание романа), ее «лживое подобие» в виде соблазнительной земной красавицы исчезает.

За нескольким исключениями, женщины в романах Стругацких занимают второстепенное, подчиненное положение. Более того, женским персонажам чаще всего отводится роль или жертв, или виновниц пьяного, звериного соития, совершаемого без любви. В повести «Трудно быть богом» единственную героиню убивают в разгар фашистского переворота. В «Граде обреченном» два второстепенных женских персонажа: шлюха (Сельма) и жертва изнасилования солдатами (Мымра). В «Отягощенных злом» одна мысль о том, что у христоподобного главного героя, учителя Г. А., когда-то были жена и семья, кажется его ученикам нелепой. Женский образ романа — лжепророчица Саджах — также изображается как шлюха.

В «Гадких лебедях» главная героиня Диана играет необычайно важную роль. Как и еще одно уникальное в своем роде изображение женского персонажа (Майя Глумова в романе «Жук в муравейнике»), это исключение лишь подтверждает правило: главная героиня является обычно средоточием сети аллюзий на Божественную Софию гностических и мистических православных воззрений.

В «Гадких лебедях» Диана — любовница Виктора Банева. Он считает, что она ему неверна, поскольку не чурается участия в пьяных оргиях, обычных в общественной жизни скучающего, циничного и испорченного взрослого населения города. Однако Диана также подпольно сотрудничает с группами диссидентов, противостоящих государству и дегенеративной культуре, которую оно поощряет. Она и другие диссиденты защищают преследуемое меньшинство мокрецов, чья цель — увести детей из прогнившего настоящего в новое, сверхчеловеческое будущее. В постапокалиптической сцене в финале произведения, когда со старым миром покончено и солнце светит впервые за три года, Диана-шлюха преображается в Диану Счастливую:

> Диана рассмеялась. Виктор посмотрел на нее и увидел, что это еще одна Диана, совсем новая, какой она никогда прежде не была, он и не предполагал даже, что такая Диана возможна, —

> Диана Счастливая. И тогда он погрозил себе пальцем и подумал: все это прекрасно, но вот что — не забыть бы мне вернуться [Стругацкие 2000–2003, 8: 530][3].

То есть единственный целиком и полностью положительный образ женщины у Стругацких появляется в контексте нового, другого мира (отсюда желание Виктора «вернуться» в человеческое настоящее), в котором Диана-шлюха преображается в божественную сущность. Оба имени — и Диана, и София — связаны с богиней мудрости. Концепция Дианы Счастливой Стругацких хотя бы отчасти основывается на образе Божественной Софии гностической и соловьевской мифологии.

Второе исключение из привычной схемы изображения женщин в произведениях Стругацких — Майя Глумова в «Жуке в муравейнике». Майя не шлюха и не жертва изнасилования, но в ее отношениях с чужим — сиротой Львом Абалкиным — присутствует иной, странный вид жестокости. В следующем отрывке Майя вспоминает детские драки со своим школьным товарищем Абалкиным. Тот пребывает в неведении (как и все прочие), что, возможно, является творением Странников, действующим среди людей порождением чужого разума. Майя вспоминает странное поведение своего школьного друга:

> ...он [Абалкин] лупил ее — ого, еще как! Стоило ей поднять хвост, как он выдавал ей по первое число. Ему было наплевать, что она девчонка и младше его на три года, — она принадлежала ему, и точка. Она была его вещью, его собственной вещью. Стала сразу же, чуть ли не в тот день, когда он увидел ее. Ей было пять лет, а ему восемь. Он бегал кругами и выкрикивал свою собственную считалку: «Стояли звери около двери, в них стреляли, они умирали!» Десять раз, двадцать раз подряд. Ей стало смешно, и вот тогда он выдал ей впервые...

---

[3] Впервые на русском «Гадкие лебеди» были напечатаны нелегально на Западе в 1972 году. В Советском Союзе они впервые были официально опубликованы в 1987 году под названием «Время дождя». В новейших изданиях произведений Стругацких текст «Гадких лебедей» печатается согласно изначальному замыслу авторов — как часть романа «Хромая судьба».

> ...Это было прекрасно — быть его вещью, потому что он любил ее. Он больше никого и никогда не любил. <...>
> ...У него было еще много собственных вещей. Весь лес вокруг интерната был его очень большой собственной вещью. Каждая птица в этом лесу, каждая белка, каждая лягушка в каждой канаве. Он повелевал змеями, он начинал и прекращал войны между муравейниками, он умел лечить оленей, и все они были его собственными, кроме старого лося по имени Рекс, которого он признал равным себе, но потом с ним поссорился и прогнал его из леса... [Стругацкие 2000–2003, 8: 50–51].

Один критик пытался доказать, интерпретируя этот отрывок, что Лев Абалкин олицетворяет собой евреев, поскольку, даже будучи ребенком, хочет обладать вещами![4] Выбор образов, использованных для описания странного детства Абалкина, можно лучше понять, увязав их с особой схемой межтекстовых аллюзий.

Лесное царство с его лосем-царем Рексом и непостижимыми законами природы напоминает о лесном символизме Велимира Хлебникова и поэтов, которые сознательно им вдохновлялись, в частности А. И. Введенского и Заболоцкого. Вообще, для Хлебникова и других футуристов и абсурдистов лес — это символ мира природы, царство, «не оскверненное временем и смертью», которое воплощает недосягаемый для человека идеал: слиться в гармонии и понимании с немыми неколебимыми законами мира природы. Величественная мифологическая составляющая этого ви́дения воплощается в фигуре лося в стихотворении Хлебникова «Саян»[5].

---

[4] Этот неубедительный довод был выдвинут Майей Каганской в совершенно далекой от реальности, но занимательной статье «Роковые яйца: Раздумья о научной фантастике вообще и братьях Стругацких в особенности» [Каганская 1985–1987].

[5] Велимир Хлебников (1885–1922) — один из предводителей русских кубофутуристов. Его крайне самобытное художественное творчество отличают своеобразный примитивизм, космическая мифология, первобытный славянский утопизм, эксперименты со словом и убежденность в том, что язык обладает магическими качествами. Его творчеством вдохновлялись многие лингвисты, а также художники-авангардисты.

В поэзии Заболоцкого 1930-х годов, которая во многом развивала утопические идеи Хлебникова о возможности математически понять природу и управлять ею, лес и звериное сообщество также выступают как микрокосм совершенно нового, утопического будущего. Несмотря на весь научный пафос поэзии Заболоцкого, на ее образность повлияли принципы ОБЭРИУ — объединения русских поэтов-абсурдистов, к которому он принадлежал. Животные и даже предметы часто приобретают у него антропоморфный характер, а его поэтический мир на редкость пантеистичен. Один из основателей ОБЭРИУ, поэт Александр Введенский, часто писал о разрыве между собственной человеческой природой и более совершенной вневременной гармонией, которой наделены звери и даже бездушные предметы[6]. И в довершение ко всему старик в «утопическом» городе Чевенгуре Платонова оплакивает в стихах разрушение сыновних отношений в городе (любимая тема Федорова): «Кто отопрет мне двери, / Чужие птицы, звери?.. / И где ты, мой родитель, / Увы — не знаю я!..» [Платонов 1972: 244][7].

Нельзя утверждать, что тот или иной из приведенных выше текстов Стругацкие взяли за основу для описания лесного царства Льва Абалкина. Однако яркий, архетипичный образ мифического лесного царства, которым правит сирота-чужой, и полное подчинение ему падшей женщины никак не укладываются во внешний сюжет и систему образов «Жука в муравейнике». История Майи Глумовой из приведенного выше фрагмента не соответствует ее характеристикам в остальных эпизодах как (второстепенной) героини научно-фантастического сюжета. С другой стороны, сцена из детства связывает ее с внутренней философской темой романа и несет отголосок литературы,

---

[6] ОБЭРИУ (Объединение реального искусства) — авангардистская литературная группа, действовавшая в Ленинграде с 1927 по 1930 год. См. также [Nakhimovsky 1982].

[7] Стихи Платонова очень похожи на странную считалку, которую повторяет Абалкин: «Стояли звери около двери, в них стреляли, они умирали!»

наиболее подходящей к этой теме. Достойно внимания, что школа, в которой дерутся Майя и Абалкин, называется Евразийской. По всей видимости, в грядущем мире из цикла истории будущего Стругацких *геополитические* границы коренным образом изменились, но Россия все еще занимает *культурную* позицию на распутье между Европой и Азией. Модернистская русская литература, в общих чертах предвосхищающая систему образов в истории Майи, была литературой, одержимой поиском равновесия (или синтеза) между «европейским» и «азиатским» направлениями судьбы России с целью выковать раз и навсегда для всех новое, утопическое будущее.

Мужские и женские топографии

> Но мы оставим в покое лес, мы ничего не поймем в лесу.
> Природа вянет как ночь. Давайте ложиться спать. Мы очень омрачены.
>
> *Александр Введенский*

«Улитка на склоне» впервые появилась как две разные повести в разные годы и в разных журналах. Главы 2, 4, 7, 8 и 11 полной версии повести были опубликованы в 1966 году в антологии «Эллинский секрет». Главы 1, 3, 5, 9 и 10 вышли в сибирском журнале «Байкал» двумя годами позже. Более поздняя часть подверглась особенно враждебным нападкам со стороны консервативных критиков. Публикацию полного варианта отменили, и на протяжении многих лет версии «Улитки на склоне» ходили только в самиздате. Враждебная критика в адрес Стругацких со стороны защитников социалистического реализма при Брежневе была, как правило, неоригинальна и предсказуема, а значение идеологического спора для литературного климата тех лет хорошо проанализировал Дарко Сувин [Suvin 1972]. И критики, и поклонники сходятся в том, что Стругацкие отошли от своего прямолинейного приключенческого стиля. Повесть восприняли скорее как сюрреалистическую, а не научно-фантастическую, скорее в духе Кафки, чем Булгакова. Автор одной положительной рецензии в англоязычном издании увидел в произведении «кафкианский мрак... вместе с бессмыслицей Кэрролла». И наоборот, в рамках официальной кампании против повести рецензент в советском еженедельнике «Литературная газета» в 1969 году жаловался, что многие читатели просто не понимают новейшее произведение Стругацких. Однако поклонники Стругацких в неофициальных опросах, проводившихся в 1991–1992 годах, причисляли «Улитку на склоне» к их самым удачным произведениям. Это также единственный текст Стругацких, вызвавший, по крайней мере на Западе, аргументированные возражения со стороны феминисток [Greene 1986].

Тогда казалось, что в «Улитке на склоне» авторы полностью отказались от легкого для восприятия, популярного формата своего жанра ради более сложного символистского стиля. Сейчас повесть выглядит просто как исключение, которое подтверждает правило: в лишенном приемов детективной или приключенческой прозы (стремительного и захватывающего сюжета) и эмпирического «научного» этоса (логически обоснованного диалога и действия, сколь бы фантастичным ни было происходящее) самом экспериментальном произведении Стругацких главным становится двойное пространство действия. «Шизофреническое» пространство действия в «Улитке на склоне» воспроизводит тот же композиционный принцип, с которым мы уже столкнулись в текстах, рассмотренных в предыдущих главах. Почти все культурные и философские мотивы, зашифрованные в пространстве действия поздних романов, представлены в «Улитке на склоне».

Повесть включает истории двух главных героев, которые никогда в реальности не встречаются. Оба они интеллигенты, по ошибке прибывшие в мир повести с какого-то с тоской вспоминаемого Материка. Поскольку действие разворачивается в сюрреалистическом, антиутопическом универсуме, Материк имплицитно представляет эмпирическую реальность и гуманистическую культуру: исходную точку, на которую опираются главные герои, на первом этапе — чтобы сориентироваться.

Мир, изображенный в «Улитке на склоне», разделен на два противоборствующих царства: царство Леса и царство Управления. Лес — фантастически плодовитая биокибернетическая сущность, которой управляют женщины, размножающиеся партеногенезом. Один из главных героев, Кандид, совершил посадку в Лесу. Он обосновывается в деревне на краю постоянно наступающей растительности Леса. Жители деревни навязывают ему в жены Наву, почти ребенка. Кандид заботится о Наве, словно о приемной дочери. Мирные деревенские жители описаны как некая первобытная культура, хотя скорее не доисторическая, а постцивилизационная, — своего рода дегенеративная культура исключительно честных и чересчур общительных простачков. Близость к Лесу придает жителям деревни скорее растительные, нежели человеческие черты: они едят напоминающие сыр куски вездесущего дерна; они утратили всякую культурную память и интеллектуальные способности. Из этого сугубо растительного существования жителей деревни выводит только необходимость обороняться от мертвяков, которых посылают из Леса, чтобы забрать в его владения еще больше женщин.

Управление, с другой стороны, представляет собой бюрократическую структуру, где господствуют мужчины; занимается оно изучением и «сдерживанием» Леса. Все в Управлении погрязли во власти правил и формализма, давно утративших эффективность и создавших обесчеловечивающее царство кафкианского абсурда. Здесь беспощадной органической плодовитости Леса противопоставляются порочность гипертрофированной технологии и затвердевшая механизированная социальная структура. Главного героя, Переца, который попадает в этот мир, как в ловушку, постепенно засасывает в машину Управления, пока он не оказывается на посту его директора — тогда для него становится нормальным подписание противоречивого и смертоносного приказа «сотрудникам группы Искоренения самоискорениться».

Чаще всего враждебная советская критика, сопровождавшая публикацию в 1968 году части, посвященной Перецу, основывалась на негласной уверенности в том, что изображенное в повести Управление является злобной пародией на советскую бюрократию. Непривычный сюрреалистический стиль Стругацких некоторые рецензенты, возможно, воспринимали как попытку отвлечь цензоров от скрытой антисоветской аллегории. Западные критики также уловили антисталинистскую, антитоталитарную направленность, однако с полным основанием придавали образам Леса и Управления большее значение, не считая их лишь политической уловкой для обхода цензуры.

За противостоянием двух воображаемых царств проступает актуальная политическая и этическая тема: реакцию Переца на давление власти можно расценить как приспособленчество, а отказ Кандида сдаться — как героический, но бессмысленный поступок, который ставит на нем словно бы клеймо юродивого. Оба героя отстаивают собственную этическую позицию в современных структурах власти (представленных в их крайних проявлениях), что делает их этические принципы практически устаревшими. Кроме того, Кандида и Переца можно рассматривать как представителей советской интеллигенции, оказавшихся между своими же согражданами, которые им не доверяют, и своим правительством, которое их притесняет. Другая сторона повести, упускаемая, судя по всему, из виду большинством критиков, — сопоставление царства Леса с фашизмом нацистского толка. Фактически сравнение сталинизма и фашизма накладывается на симметрию противоборствующих женского и мужского царств романа[8].

Чтобы разобраться в множестве приведенных выше противоречивых и неполных интерпретаций, необходимо посмотреть внимательнее на необычную систему образов, свойственную этой повести. Вопрос, поднятый Дианой Грин в статье «Мужчины и женщины в "Улитке на склоне"», касается нашего понима-

---

[8] См. введение Дарко Сувина к англоязычному изданию «Улитки на склоне» [Suvin 1980]. За другие точки зрения я благодарна Константину Кустановичу, в чьей неопубликованной диссертации (Колумбийский университет) рассматривается этот роман, и Омри Ронену, который категорически возражал против поверхностных интерпретаций, утверждая, что вместо них всегда можно найти что-то более интересное.

ния места этого произведения в творческом наследии Стругацких в целом. Почему Стругацкие, по всей видимости, приравнивают борьбу интеллигенции против авторитарного государства с борьбой мужчин против превосходящих их по силе женщин [Greene 1986: 106]? В статье Грин говорится о «настоящей войне полов между патриархальным Управлением и матриархальным Лесом». Две женщины, играющие некоторую роль в Управлении, где господствуют мужчины,

> представляются скорее враждебными силами природы, чем человеческими существами. Собственно, эти два персонажа близки к стереотипным образам женщин: Рита напоминает прижимистую богиню удачи, а Алевтина наводит на мысль о подавляющей матери, которая хочет низвести всех мужчин до состояния зависимых детей [Greene 1986: 101].

Грин обнаруживает, что три женщины, правящие Лесом, не просто стереотипны — они воплощают три женских архетипа: Девы, Матери и Старухи. Сам Лес в качестве геобиологической сущности описывается как женщина, причем достаточно отталкивающая. Когда Перец совершает ознакомительный визит в Лес, то наталкивается на тошнотворные клоаки. Как подчеркивает Грин, Стругацкие называют клоаку маткой, а ее отпрыски рождаются, словно щенки.

> Клоака рожала. На ее плоские берега нетерпеливыми судорожными толчками один за другим стали извергаться обрубки белесого, зыбко вздрагивающего теста, они беспомощно и слепо катились по земле... разбредаясь и сталкиваясь, но все в одном направлении, по одному радиусу от матки, в заросли... [Стругацкие 2000–2003, 4: 245].

Более того, Грин с легкостью показывает, что

> все мужчины в романе относятся к женщинам по одной из трех ущербных моделей: они пытаются управлять женщинами, унижая их, как делают менее чувствительные мужчины Управления (символично, что на нависающей над лесом скале Управ-

> ление строит латрины); они позволяют женщинам терзать их, лишаясь души, — как Перец и Квентин; они отвергают женщин и полностью избегают сексуальных отношений — решение Кандида (которое, судя по всему, поддерживают Стругацкие) [Greene 1986: 105].

Остается объяснить, почему Стругацкие изображают борьбу индивида против тоталитарного государства как неравную борьбу между мужчинами и более могущественными женщинами. Кроме того, возникает парадокс, если мы рассматриваем реальное политическое и общественное положение женщин в Советском Союзе.

> В произведении, изобличающем тиранию советского общества... в первую очередь ожидаешь увидеть женщин, борющихся против власти мужчин. <...> Хотя и было многое сделано для предполагаемой свободы советских женщин, они никогда не пользовались такой же личной и политической властью, как мужчины [Greene 1986: 106].

Другими словами, феминистическая интерпретация приводит к парадоксу: пол угнетателей у Стругацких противоречит политической реальности, в которой женщины в Советском Союзе — класс угнетенный.

Парадокс можно разрешить, хотя бы частично, если мы признаем политическим референтом Леса нацистскую Германию, а не один из угнетенных классов Советского Союза. В тексте многое указывает на конкретные аналогии между Управлением и сталинизмом и между Лесом и нацизмом. Первая практически очевидна и не требует подробного рассмотрения, а несколько примеров из текста помогут прояснить и вторую. Когда Кандид, интеллигент из реального мира, очутившийся в царстве Леса, и его юная местная жена Нава идут через Лес, первую ночь им приходится провести в странной деревне. Деревня похожа на «декорации в театре», ее жители разговаривают, но у них нет лиц, а слова, которые они произносят, кажутся полузнакомыми, как будто Кандид «слышал когда-то такую речь». Кандид просыпается посреди ночи и узнаёт силуэт человека, стоящего рядом с ним: это его бывший коллега, хирург Карл Этингоф. Он выбегает за немцем в ночь и видит «длинное диковинное строение, каких в лесу не бывает». Из этого длинного строения «раздался гораздо более громкий крик, жалкий и дикий, откровенный плач боли, так что зазвенело в ушах, так что слезы навернулись на глаза...» Кандид оказывается перед квадратной черной дверью длинного строения — с Навой на руках. Карл, хирург, раздраженно спорит с двумя женщинами, и Кандид улавливает «полузнакомое слово "хиазма"». Одного этого слова и его коннотации с хирургическим разрезом и генной инженерией достаточно, чтобы картина стала ясна. Призрачные жители призрачной деревни плачут и прощаются друг с другом у входа в строение, а Кандид, «потому что он был мужественный человек, потому что он знал, что такое "надо"», входит с Навой в здание первым. Карл делает ему знак отойти в сторону. Они спаслись: их не включили в список смертников. Они бегут из деревни и проводят остаток ночи под деревом в лесу. Когда следующим утром они просыпаются, единственным доказательством существования призрачной деревни оказывается скальпель, сжимаемый рукой Навы. Для Кандида это все лишено смысла, происшедшее он описывает как «странный и страшный сон, из которого по чьему-то недосмотру вывалился скальпель». Очевидно, воспоминания о холокосте, составляющем часть его (и читателя) жизненного опыта на Материке, в данный момент очень смутно присутствуют в его подсознании (у читателя такого оправдания нет).

Еще менее понятны Кандиду (и читателю) действия трех женщин, правящих Лесом. Самая молодая — длинноногая дева, средняя беременна, но явно без участия мужчины, а самая старая, которая оказывается давно пропавшей матерью Навы, утверждает, что «мужья им не нужны». Лесные женщины размножаются контролируемым партеногенезом, но с какой целью и по каким критериям — лежит за пределами человеческого понимания. Не может понять Кандид и прерывистую речь трех женщин, правящих Лесом: «...Очевидно, не хватает... Запомни, девочка... Слабые челюсти, глаза открываются не полностью... переносить наверняка не может и поэтому бесполезен, а может быть, и вреден, как и всякая ошибка... Надо чистить, переменить место, а здесь всё почистить...» [Стругацкие 2000–2003, 4: 437].

Многоточия — часть текста. В прямом контексте речь беременной женщины лишена смысла. В прямом контексте эту речь можно ассоциировать исключительно с рукоедом — фантастическим существом с большими роговыми челюстями, которого три женщины явно пытают. Ключевые слова «слабые челюсти, глаза открываются не полностью», «надо чистить» вызывают смутное чувство дежавю. Кроме того, непосредственно соотносят и связывают фантастический, нечеловеческий, необъяснимо жестокий лес с нацистской Германией сцена в призрачной деревне, которая рассматривалась выше, и финальный полуинтуитивный отказ Кандида от идеологии, оправдывающей уничтожение человеческой расы на псевдонаучных основаниях: «Но может быть, дело в терминологии, и если бы я учился языку у женщин, все звучало бы для меня иначе: враги прогресса, зажравшиеся тупые бездельники... Идеалы... Великие цели... Естественные законы природы... И ради этого уничтожается половина населения!» [Стругацкие 2000–2003, 4: 493–494].

Кстати, все намеки на нацистскую Германию и генную биоинженерию у Стругацких связаны с биологическими *Überfrauen*, возглавляющими женское царство Леса, а не с мужским царством Управления. И в этом тоже наблюдается противоречие: в остальных произведениях Стругацких герои, ассоциирующиеся с фашистскими принципами, всегда мужчины откровенно нордической внешности и/или с немецким именем[9].

Однако имеется и исконно русский прецедент среди народных реакционных антисемитских религиозных движений, который обычно связывается с «женской» стороной национального характера. Такое разделение русского национального характера по

---

[9] Фриц Гейгер, гитлероподобный диктатор в «Граде обреченном», и Марек Парасюхин в «Отягощенных злом». Последний, несмотря на свое типично славянское имя, примечателен блондинистой, нордической внешностью и черной кожаной эсэсовской курткой.

половому признаку возникло перед революцией, в поэзии и философии Серебряного века, где противопоставление «мужских» и «женских» элементов русской идентичности рассматривалось на всех уровнях: духовном, социальном и политическом. В критическом обзоре Н. А. Бердяева, посвященном роману Андрея Белого «Серебряный голубь», двойственное отношение русской интеллигенции к коллективному народному духу, православной Церкви и западным моделям эмпирического рационализма тесно связано с гендерными архетипами:

> Русская интеллигенция [в сущности всегда была женственна:] (была) способна на героические подвиги, на жертвы, на отдание своей жизни, но [никогда] не была способна на мужественную активность, [никогда] не имела внутреннего упора, она отдавалась стихии, не была носителем Логоса. <...> Есть черты сходства, роднящие русского революционера и народника старого образца и русского декадента и мистика нового образца. И те и другие находятся во власти женственной народной стихии и бессильны внести в нее оформляющее начало Логоса; и те и другие готовы поклониться народу, одни во имя света революционного, другие во имя света мистического <...>
>
> Сам А. Белый не в силах овладеть мистической стихией России мужественным началом Логоса, он во власти женственной стихии народной, соблазнен ею и отдается ей. <...> Чем более его соблазняет Матрена, чем более тянет его раствориться в мистической стихии России с ее жутким и темным хаосом, тем более поклоняется он гносеологии, методологии, научности, критицизму и проч. Культ Матрены и культ методологии — две стороны одной и той же разорванности, разобщенности... стихии и сознания [Бердяев 2004: 269–270, 274].

Формулировки Бердяева и объяснение вечного русского конфликта между Востоком и Западом, «хаосом» и «порядком» через гендерную терминологию позволяют по-новому взглянуть на сюрреалистические описания Стругацкими обоих пространств действия. Лес описывается в выражениях, относящихся к женскому архетипу: «С этой высоты лес был как пышная пятнистая пена, как огромная, на весь мир, рыхлая губка, как животное, которое затаилось когда-то в ожидании, а потом

заснуло и проросло грубым мхом. Как бесформенная маска, скрывающая лицо, которое никто еще никогда не видел» [Стругацкие 2000–2003, 4: 185].

Переца, оказавшегося в Управлении интеллигента с Материка, Лес манит обещанием первичных, таинственных, «народных» секретов:

> ...Зеленые горячие болота, нервные пугливые деревья, русалки, отдыхающие на воде под луной от своей таинственной деятельности в глубинах, осторожные непонятные аборигены, пустые деревни <...>
> — Тебе туда нельзя, Перчик, — сказал Ким. — <...> Лес для тебя опасен, потому что он тебя обманет.
> — Наверное, — сказал Перец. — Но ведь я приехал сюда только для того, чтобы повидать его.
> — Зачем тебе горькие истины? — сказал Ким.— Что ты с ними будешь делать? И что ты будешь делать в лесу? Плакать о мечте, которая превратилась в судьбу? Молиться, чтобы все было не так? Или, чего доброго, возьмешься переделывать то, что есть, в то, что должно быть? [Стругацкие 2000–2003, 4: 302–303].

Этот Лес, с его женской привлекательностью, языческими духами, местными деревенскими жителями с их невразумительной речью, символизирует русский народ (как противоположность интеллигенции) в полном смысле слова. Закономерно, что приверженец восточной культуры — Ким — предупреждает наивного прозападного русского интеллигента: тот не найдет ничего, кроме «горьких истин», если попытается войти в лес, то есть символически поддастся народническому заблуждению, что будущее России заложено в отсталой, стихийной жизни народа. Опыт Кандида из «лесной» половины повести подтверждает эти «горькие истины»: жители деревни невежественны, суеверны, невосприимчивы к просвещению, не говоря уже о демократических идеалах. Но они не так уж плохи, у них есть убеждения. Однако это не те убеждения, которые интеллигент может разделить или привнести в свое, бесконечно более сложное, мировоззрение. Кандид собственными глазами видит разницу между мечтой русской интеллигенции о мировой гармонии и судьбой сельских жителей. Они могут исчезнуть во всепоглощающей матке Леса именно потому, что лишены «мужского», активного начала:

> Идея надвигающейся гибели просто не умещалась в их головах. Гибель надвигалась слишком медленно и начала надвигаться слишком давно. Наверное, дело было в том, что гибель — понятие, связанное с мгновенностью, сиюминутностью, с какой-то катастрофой. А они не умели и не хотели обобщать, не умели и не хотели думать о мире вне их деревни. Была деревня, и был лес. Лес был сильнее, но лес ведь ВСЕГДА был и всегда будет сильнее. При чем здесь гибель? Какая еще гибель? Это просто жизнь... [Стругацкие 2000–2003, 4: 490].

То есть Лес в первую очередь символизирует то, что Бердяев отождествляет с реакционными, мистическими, сектантскими тенденциями, свойственными «женскому» характеру русского народа, и лишь отчасти фашизм. Иначе говоря, немецкий нацизм применительно к Лесу полностью «русифицирован».

Аналогичным образом, описывая бюрократическое Управление, сдерживающее Лес, Стругацкие следуют в большей мере русским литературным и философским традициям, чем Кафке. Бердяев «предсказал» в статье 1910 года (приведенной выше), что русская интеллигенция постарается сдержать собственное губительное влечение к мистическому народничеству, обратив западнические «методологию, научный подход и критицизм» против народа. Так, на русской почве марксизм вырождается в сталинизм, а методология доводится до уровня своей противоположности — абсурда. Территория Управления описывается в выражениях, относящихся к мужскому архетипу: здесь всё сдержанно, сурово, цивилизованно (урбанистично), механистично, всеобъемлюще:

> Лес отсюда не был виден, но лес был. Он был всегда, хотя увидеть его можно было только с обрыва. В любом другом месте Управления его всегда что-нибудь заслоняло. Его заслоняли кремовые здания механических мастерских и четырехэтажный гараж для личных автомобилей сотрудников. <...> Его заслоняли коттеджи с верандами, увитыми плющом, и с крестами телевизионных

антенн. А отсюда, из окна второго этажа, лес не был виден из-за высокой кирпичной ограды, пока еще недостроенной, но уже очень высокой, которая возводилась вокруг плоского одноэтажного здания группы Инженерного проникновения. Лес можно было видеть только с обрыва... [Стругацкие 2000–2003, 4: 301–302].

Теперь в этом ландшафте угадывается знакомый прообраз ландшафта «Града обреченного»: голубая пустота с одной стороны и Желтая Стена — с другой, «бесконечная пустота слева и бесконечная твердь справа, понять эти две бесконечности не представляется никакой возможности». Можно привести множество примеров из текста, которые покажут, что разделенный на части ландшафт «Улитки на склоне» символически представляет разобщенность души и разобщенность национального самосознания. В отношении последнего роман следует рассматривать как неотъемлемую часть литературного и художественного наследия, особенно значимого для русского читателя.

Дети

В научной фантастике Стругацких имеется несколько детских персонажей, но никогда они не изображаются как нормальные, «реалистичные» дети. Больше всего поражают во всех детских персонажах Стругацких их гендерная андрогинность и не по-человечески раннее интеллектуальное развитие. В «Гадких лебедях» дочь Банева Ирма, как и все ее одноклассники, по интеллекту уже превзошла своих родителей:

> Когда Ирма вышла, аккуратно притворив за собой дверь, худая, длинноногая, по-взрослому вежливо улыбаясь большим ртом с яркими, как у матери, губами, Виктор принялся старательно раскуривать сигарету. Это никакой не ребенок, думал он ошеломленно. Дети так не говорят. Это даже не грубость, это — жестокость, и даже не жестокость, а просто ей все равно. Как будто она нам тут теорему доказала — просчитала всё, проанализировала, деловито сообщила результат и удалилась, подрагивая косичками, совершенно спокойная [Стругацкие 2000–2003, 8: 215].

Неестественно взрослое поведение Ирмы не сочетается с ее внешностью маленькой девочки. Перечисляя остальных детей в произведениях Стругацких, мы обнаружим такие же несоответствия. Мальчик Кир в романе «Волны гасят ветер» похож больше на андрогинное сказочное «дитя джунглей», чем на настоящего мальчика. В повести «За миллиард лет до конца света» одному из героев-ученых, чтобы по плану сверхцивилизации отвлечь его от работы, подбросили пятилетнего незаконного сына, о котором он ничего не знал. Мальчик отличается необыкновенной серьезностью и склонен к пророческим изречениям, поэтому вызывает у взрослых скорее страх, а не любовь и нежность. Дочь сталкера из «Пикника на обочине» (1972) тоже загадочное андрогинное существо: воздействие Зоны на ее отца привело к изменениям ее генотипа настолько, что она растет бессловесным, похожим на обезьянку ребенком, заросшим золотистой шерстью.

Особенные черты, свойственные будущему поколению, проявляются и у не по годам развитого то ли племянника, то ли племянницы в одном из наименее известных произведений Стругацких — «Отель "У погибшего альпиниста"» (1970). В этой короткой повести главный герой — полицейский — отдыхает в горнолыжном отеле в сельской местности. По нескольким деталям становится понятно, что дома он ведет совершенно однообразную, лишенную неожиданностей, не говоря уже о сверхъестественных событиях, жизнь. Его пребывание в отеле «У погибшего альпиниста» оказывается наполнено необычными происшествиями, которые с трудом укладываются в рамки стандартных правовых решений и общепринятые нормы правопорядка. Граница между необычным и по-настоящему сверхъестественным умышленно остается размытой, благодаря чему сохраняется ощущение напряжения между простым объяснением главного преступления романа и более сложным объяснением, требующим моральной смелости. Сами постояльцы отеля уже наводят на мысль, что герой вступил в область неведомого. Один из них, известный маг Барнстокр, отдыхает со своим еще более странным юным племянником.

Когда я закрыл за собой дверь, длинный человек замолчал и повернулся ко мне. У него оказался галстук бабочкой и благороднейших очертаний лицо, украшенное аристократическими брыльями и не менее аристократическим носом. Такой нос мог быть только у одного человека, и этот человек не мог не быть той самой знаменитостью. Секунду он разглядывал меня, словно бы в недоумении, затем сложил губы куриной гузкой и двинулся мне навстречу, протягивая узкую белую ладонь.

— Дю Барнстокр, — почти пропел он. — К вашим услугам.

— Неужели тот самый дю Барнстокр? — с искренней почтительностью осведомился я, пожимая его руку.

— Тот самый, сударь, тот самый, — произнес он. — С кем имею честь?

Я отрекомендовался, испытывая какую-то дурацкую робость, которая нам, полицейским чиновникам, вообще-то не свойственна. Ведь с первого же взгляда было ясно, что такой человек не может не скрывать доходов и налоговые декларации заполняет туманно.

— Какая прелесть! — пропел вдруг дю Барнстокр, хватая меня за лацкан. — Где вы это нашли? Брюн, дитя мое, взгляните, какая прелесть!

В пальцах у него оказалась синенькая фиалка. И запахло фиалкой. Я заставил себя поаплодировать, хотя таких вещей не люблю. Существо в кресле зевнуло во весь маленький рот и закинуло одну ногу на подлокотник.

— Из рукава, — заявило оно хриплым басом. — Хилая работа, дядя [Стругацкие 2000–2003, 6: 18–19].

На протяжении всего романа о Брюне говорится в среднем роде. Странное дитя более чем вписывается в атмосферу *fin du siècle*, царящую в отеле, которая призвана вызвать в памяти рассказы Конан Дойла о Шерлоке Холмсе, с такой же сдобренной кокаином атмосферой декаданса и триумфа рационализма. Однако его присутствие не сочетается с прозаичным миром советского быта, о котором будто бы забывает главный герой — полицейский детектив. Упорядоченное, рациональное, «западное» мировоззрение русского Шерлока Холмса противопоставляется хаотичному, магическому, андрогинному миру странных постояльцев отеля.

Наконец, есть еще герой «Малыша» (1971); его родители — люди, но вырастила его негуманоидная «разумная» планета, чьи намерения так же непостижимы, как намерения Соляриса у Лема. Малыш столь хорошо приспособился к суровой окружающей среде планеты-родителя, что его контакт с людьми не может не закончиться трагедией. Здесь один из главных героев открыто формулирует вопрос, который всегда имплицитно поднимается Стругацкими при описании сверхъестественных детей:

> Ведь нельзя же ставить вопрос: будущее Малыша или вертикальный прогресс человечества. Тут какая-то логическая каверза, вроде апорий Зенона… Или не каверза? Или на самом деле вопрос так и следует ставить? Человечество все-таки… [Стругацкие 2000–2003, 6: 336–337].

Дети в научной фантастике Стругацких неизменно олицетворяют собой будущее. Они часть другой, чужой реальности, которая сменит настоящее. Будущее, олицетворяемое ими, может быть более совершенным, логичным и разумным, но оно ни в коей мере не человеческое будущее. Бесполость детей еще одно свидетельство того, что персонифицируемое ими общество грядущего неизбежно лишено человеческих тепла и любви так же, как лишено «иронии и жалости». В «Гадких лебедях» Виктор Банев, защищая светский гуманизм, призывает к иронии и жалости. Ему противопоставляется федоровское представление детей о том, что можно «создавать, не разрушая».

> — Ребята, — сказал Виктор. — Вы, наверное, этого не замечаете, но вы жестоки. Вы жестоки из самых лучших побуждений, но жестокость — это всегда жестокость. <…> И не воображайте, что вы говорите что-то особенно новое. Разрушить старый мир, на его костях построить новый — это очень старая идея. Ни разу пока она не привела к желаемым результатам. То самое, что в старом мире вызывает особенно желание беспощадно разрушать, особенно легко приспосабливается к процессу разрушения, к жестокости и беспощадности, становится необходимым в этом процессе и непременно сохраняется, становится хозяином в новом мире и в конечном счете убивает смелых разрушителей. Ворон ворону глаз не выклюет, жестокостью жестокость не уничтожить. Ирония и жалость, ребята! Ирония и жалость! <…>
> — Боюсь, вы не так нас поняли, господин Банев, — сказал он [мальчик]. — Мы совсем не жестоки, а если и жестоки с вашей

точки зрения, то только теоретически. Ведь мы вовсе не собираемся разрушать ваш старый мир. Мы собираемся построить новый. Вот вы жестоки: вы не представляете себе строительства нового без разрушения старого. А мы представляем себе это очень хорошо. <...> Строить, господин Банев, только строить [Стругацкие 2000–2003, 8: 304–305].

Речь Банева, прозвучи она в произведении другого жанра — в научно-популярной книге или историческом романе, — можно было бы посчитать настоящим обвинительным приговором ленинизму и самой революции. В ней не допускается и мысли о том, что план Ленина уничтожить несправедливую и жестокую старую Россию был хорош, только позже «извращен» из-за чудовищного садизма и паранойи Сталина. В ней даже объясняется, почему ближайшие соучастники Ленина в разрушении старого мира стали первыми показательными жертвами нового.

В рамках абстрактного или будущего хронотопа научной фантастики речь Банева звучит как пророчество или предупреждение. Описания современного быта и речи «реалистичных» персонажей (если противопоставлять их чужим и детям) подтверждают почти полную несостоятельность марксизма в Советском Союзе, а также говорят о том, что пустота не была заполнена гуманистической культурой «иронии и жалости». Вместо этого возродилась старая опасная мечта, возникающая в «восточных» глубинах русского характера. Новые «решения» евразийских имперских проблем опять приобретают популярную форму гностических и нигилистических учений, которые полностью игнорируют «здесь и сейчас» во имя более совершенного грядущего, где не будет места хаосу и случайности.

Вечный жид

В зрелых произведениях Стругацких пересечение земного и фантастического, настоящего и будущего, человеческого и чужого играет роль внешнего структурного приема, оправдывающего научно-фантастический сюжет. На тематическом уровне эти пересечения служат для того, чтобы показать: общества в состоянии кризиса склонны изобретать нечеловечески жестокое будущее — не важно, ради научных или религиозных идеалов. Если гуманистические аксиомы («человек изначально хорош») и методики (высокие стандарты жизни и образования) не способны привести к лучшему миру, даже с помощью фантастических технологий XXII века, то отход от гуманизма и нетерпимость к самой истории оказываются неизбежной альтернативой для тех, кто желает хоть в какой-то форме воплотить в жизнь утопическое общество.

Мы видели, что женщины в произведениях Стругацких обычно олицетворяют собой плачевное актуальное состояние человечества, порабощенного базовыми инстинктами, а чужие и дети — альтернативное, нечеловеческое, «духовное» будущее. Более того, даже место действия и топография могут воплощать метафизические противоположности, которые противостоят — часто парализуя его — «рядовому» герою романа. Типичный герой Стругацких существует на реалистическом уровне повествования, пока не сталкивается с миром фантастических подтекстов и литературных ландшафтов. Этот герой — человек светский по воспитанию и гуманист по убеждениям. Можно утверждать, что Стругацкие не согласны с дуалистической метафизикой, которую описывают в своих произведениях. Чисто духовное, нечеловеческое будущее столь же нежеланно, сколь и низменное настоящее. Герой, выступая как светский гуманист, вынужден выбирать из двух зол, одно из которых — Абсолютное Благо. В этом смысле Стругацкие пишут антиутопии (а не апокалиптические романы).

Весьма любопытно, что у Стругацких при попытках соединить философию с фантастикой возникает новый тип главного героя — герой, способный идти по тонкой грани между утопией и антиутопией. Этот новый герой — осовремененный образ легендарного Вечного жида.

Легенда о Вечном жиде приобрела отчетливые очертания в 1602 году, с появлением книги «Краткое описание и рассказ о еврее по имени Агасфер» («Kurze Beschreibung und Erzehlung von einem Juden mit Namen Ahasverus»)[10]. В «Кратком описании» история излагается без лишних подробностей: когда Христос нес Свой крест по пути к распятию, Он на минутку прислонился к дому одного еврея. Этот еврей не разрешил Ему отдохнуть и велел идти дальше. Христос ответил: «Я постою здесь и отдохну, но ты будешь идти!» За оскорбление Бога он, Вечный жид, обречен бродить по земле вечно. «Краткое описание» переведено на многие языки, в том числе на русский[11].

Еврей Изя Кацман, как и русский Андрей, — один из главных героев «Града обреченного». Изя не является положительным воплощением «нового человека», прокладывавшим путь к коммунистической утопии XXII века в ранних работах Стругацких. Не относится он и к запутавшимся, разочарованным интеллигентам, населяющим большинство произведений Стругацких после «Трудно быть богом» (1964). Меньше всего он олицетворяет грядущее чужих, равнодушных к прошлому и полностью отвергающих настоящее. Изя не скрывает своей приверженности традициям, отыскивая в культуре прошлого кирпичики для строительства будущего.

Духовная сущность Изи не стремится отделиться от человеческого и низменного. Наоборот, он в буквальном смысле покрыт материей («отягощен злом»), поскольку редко моется и бреется. Изя внешне соответствует классическому архетипу Вечного жида — изможденного, бородатого, растрепанного человека. В какой-то момент Андрей описывает его так:

> ...страшный, в бороде по грудь, со вставшей дыбом, серой от пыли шевелюрой, в неимоверно драной куртке, сквозь дыры которой проглядывало волосатое мокрое тело. Бахрома его порток едва прикрывала колени, а правый башмак вопиял о каше, выставляя на свет грязные пальцы со сломанными черными ногтями... [Стругацкие 2000–2003, 7: 498–499].

---

[10] См. [Anderson 1965: 10]. Своим пониманием общей канвы легенды я во много обязана всестороннему исследованию Андерсона.

[11] Лучшую библиографию легенды о Вечном жиде на славянских территориях можно найти в [Yarmolinsky 1929].

Но, как Андрей признаёт с ворчливым сарказмом, этот растрепанный странник — «корифей духа, жрец и апостол вечного храма культуры» [Стругацкие 2000–2003, 7: 499].

Один Изя Кацман возвышается над материальными и политическими иллюзиями, в которых живут Андрей и другие обреченные граждане города. Во второй половине романа Андрей и Изя покидают град обреченный и совершают переход через пространство и время к Антигороду, метафорически путешествуя по потустороннему миру. Изя ведет Андрея по пустыне, вещает о некоем храме культуры. Наперекор всему он намерен внести свой вклад в строительство храма. Храм культуры, утверждает Изя, памятник человеческому духу, создающийся из благородных деяний и великих произведений искусства. Он строится самопроизвольно и спорадически в ходе истории силами немногих избранных, способных словом, образом или поступком помочь человеку осознать в себе частичку Божественного начала:

> Потому что я знаю совершенно точно: что храм строится, что ничего серьезного, кроме этого, в истории не происходит, что в жизни у меня только одна задача — храм этот оберегать и богатства его приумножать. Я, конечно, не Гомер и не Пушкин — кирпич в стену мне не заложить. Но я — Кацман! И храм этот — во мне, а значит, и я — часть храма, значит, с моим осознанием себя храм увеличился еще на одну человеческую душу. <...> Ничего я этого не понимаю, сказал Андрей. Путано излагаешь. Религия какая-то: храм, дух... Ну еще бы, сказал Изя, раз это не бутылка водки и не полуторный матрас, значит, это обязательно религия [Стругацкие 2000–2003, 7: 510–511].

Читатель, конечно, поймет то, чего не понимает Андрей: в светской вере Изи в храм культуры нет ничего особо оригинального: эту веру он воспринял у западной традиции светского гуманизма. Однако в Изе Стругацкие впервые разъединили западный идеал светского гуманизма и «восточное» стремление к утопии. Идеал помещен в грубое, негероическое тело одного из борцов за выживание на Земле; он больше не принадлежит к системе образов «нового человека». Изя не оптимистичный

Прогрессор XXII века, просвещающий отсталые планеты; не агент Странников, люденов, мокрецов. Хотя он и выполняет ту же роль, что и эти сверхъестественные «дудочники», выманивая Андрея из зоны материального комфорта, скуки и духовной пустоты большинства, он не ведет его в нечеловеческое будущее — не важно, плохое или хорошее. Изя всегда человечен; как воплощению Вечного жида, быть ему всегда на этой земле, чем объясняется его озабоченность экологией, а не технологией: «[У меня три дочери]. И ни одна не знает, что такое кета. Я им объяснил, что кета и осетрина — это такие вымершие рыбы. Наподобие ихтиозавров. А они будут то же самое рассказывать своим детям про селедку...» [Стругацкие 2000–2003, 7: 509].

В своем всестороннем исследовании, посвященном архетипу Вечного жида, Дж. К. Андерсон оценивает его новую роль в XX веке:

> Во многих мифологиях вечное странствование — самое страшное наказание. Проклятие навлекается чрезмерной гордыней, а из-за этого греха пали ангелы. И когда современные люди унаследовали Легенду, то получили послание: «Ecce Homo!» Се человек, что согрешил и терпит наказание среди всех этих ужасов; но взгляни еще раз — и увидишь в нем олицетворение мятежного духа, непобедимого мужества, самого́ еврейского народа; «и это ли не победа» [Anderson 1965: 10].

Изя построил посреди пустыни пирамиду из камней и захоронил в ней свою рукопись «Путеводитель по бредовому миру», где описывается путь от конца истории (который, по версии Изи, начинается с «хрустального дворца» Н. Г. Чернышевского, олицетворяющего полное материальное изобилие для всех) к концу мира (истинному духовному просвещению). И если сперва Андрей относился к Изиному храму культуры с презрительным недоумением, то к финалу их совместного путешествия это недоумение превращается в восхищение:

> Нет, ребята, подумал он [Андрей]. Всё правильно и всё верно: никакой нормальный человек до этой пирамиды не доберется. Нормальный человек как до Хрустального Дворца дойдет, так

там на всю жизнь и останется. Видел я их там — нормальных людей <...> Нет, ребята, если сюда кто-то и доберется, так только какой-нибудь Изя-номер-два... И как он раскопает эту пирамиду, как разорвет конверт, так сразу про всё и забудет — так и умрет здесь, читаючи... Хотя, с другой стороны, меня ведь сюда занесло?.. [Стругацкие 2000–2003, 7: 509].

Изя — самое раннее воплощение образа Вечного жида в творчестве Стругацких, и его появление указывает на то, что авторы поставили перед собой новую творческую задачу (решение которой они продолжили в «Отягощенных злом»). С этих пор они будут искать не столько «нового человека» грядущего, сколько признаки жизнестойкости в «старом» человечестве, позволяющие «зайти очень далеко».

Заключение

В главах этой книги я выделила апокалиптический мотив у Стругацких и проследила за тем, как они используют некоторые приемы научно-фантастического жанра, чтобы достичь двойного воздействия двух повествовательных уровней: 1) реалистического изображения кризиса современного общества; и 2) фантастического изображения мифов этого общества о своем происхождении, своей роли и выходе из кризиса. Более чем очевидно, что апокалиптический реализм не ищет образов в точных науках и технологиях и не нуждается в них для развития сюжета. Роль науки в фантастике Стругацких одновременно и тоньше и глубже. Научные парадигмы, а равно и парадигмы религиозные и культурные, присутствуют в качестве прототипов во всех сочинениях Стругацких. Развитие науки, динамика научного сообщества, то, как «двигалась наука» в бывшем Советском Союзе, и феномен «стругацкизма» (то есть страстных поклонников творчества Стругацких) среди русской научной и технической интеллигенции тесно переплетаются и открыты для изучения в рамках междисциплинарного подхода. Во-первых, нужно учитывать, как менялись в недавней истории приоритетные направления и преобладающие тенденции исследований в физике, математике, генетике, нейробиологии и т. д. Во-вторых, нельзя упускать из виду личные и профессиональные отношения Стругацких с практикующими российскими учеными за последние четыре десятилетия. В-третьих, нужно понимать, каким образом осведомленность Стругацких о смещении научных парадигм и их реакция на это смещение отражены в их прозе.

Заключение

В последней главе мы убедились, что «нового человека» Стругацких постепенно вытесняют две символические фигуры: непостижимый чужой, символизирующий нереалистичные и опасные утопические убеждения, стоящие за идеей о совершенствовании общества, и Вечный жид, символизирующий способность выживать без иллюзий. Кроме того, оптимизм ученых из института парапсихологии в повести «Понедельник начинается в субботу» (1965) сменяется безнадежной борьбой с неподвластными им силами в повести «За миллиард лет до конца света» (1976–1977). Следует помнить, что советский «новый человек» в советской реалистической прозе и пропаганде не только непременно должен был строить социализм, но и был также в 1960-х годах новым положительным типом образованного гражданина, искренне верившего в слияние науки (в частности, кибернетики) и общественного прогресса. В одном из своих самых популярных ранних произведений, «Понедельник начинается в субботу», Стругацкие изображают «новых людей» их поколения за работой: полные энтузиазма молодые ученые успешно преодолевают не только трудности, связанные с отсталостью собственных технологий, но и косность советской бюрократической системы. Повесть стала *tour de force* в области комического социологического моделирования и правдоподобной *commedia dell'arte* о существующих научно-исследовательских структурах.

Я теперь полагаю, что заметное изменение стиля и тональности в поздних произведениях Стругацких также отражает изменение в динамике научных сообществ, которые служат для них моделью. Я не рассматривала здесь данный вопрос, поскольку он представляет тему уже для следующего исследования, но он вполне подходит и на роль заключения к этой книге. Распад Советского Союза способствовал утечке научных талантов из России на Запад. А ученые, что не оставили своей страны и своего призвания, оказались без средств и оборудования (которое государство больше не может себе позволить), без коллег и без преемственности поколений, обеспечивающей продолжение научной традиции того или иного общества. Многое уже сделано в научных и правительственных кругах, как на Востоке, так и на Западе, для исправления «апокалиптической» ситуации с научным сообществом в России. Негативные аспекты утечки мозгов уравновешиваются надеждами на продуктивное сотрудничество в рамках по-настоящему международного научного сообщества. Так или иначе, научная фантастика Стругацких обретет, скорее всего, новую актуальность как история науки — как картина интеллектуальных, межличностных, политических, лингвистических и бытовых забот, формировавших структуру научной культуры Советского Союза.

Приложение

Хронологический обзор художественной прозы Стругацких

Наиболее полный[1] перечень всех рассказов, книг, пьес, статей, киносценариев и критических работ Стругацких в частном порядке распространяют «Людены» — небольшая группа поклонников Стругацких, которые выпускают внутри группы компьютерное издание «Понедельники». Российский издательский кооператив «Текст» [125190, Москва, А-190. А/я 89] составляет полный библиографический справочник по Стругацким (дата публикации неизвестна).

Для хронологического обзора романы и повести Стругацких приведены ниже по дате их первой публикации в Советском Союзе. За несколькими исключениями, все эти произведения перепечатывались и включались в разные сборники бесчисленное множество раз филиалами советских книгоиздательств.

1959 «Страна багровых туч»
1960 «Путь на Амальтею»
1962 «Стажеры»
1962 «Попытка к бегству»
1962 «Полдень, XXII век». Исправлена / переработана, расширена и перепечатана в 1967 году.
1963 «Далекая Радуга»
1964 «Трудно быть богом»
1965 «Понедельник начинается в субботу»
1965 «Хищные вещи века»

---

[1] На момент выхода оригинального издания в 1994 году.

1966 «Улитка на склоне» (только главы из части «Кандид»). Впоследствии не печаталась / изъята из печати.

1968 «Второе нашествие марсиан». Впоследствии не печаталась / изъята из печати.

1968 «Улитка на склоне» (только главы из части «Перец»). Впоследствии не печаталась / изъята из печати.

1968 «Сказка о Тройке». Впоследствии не печаталась / изъята из печати.

1969 «Обитаемый остров»

1970 «Отель "У погибшего альпиниста"»

1971 «Малыш»

1972 «Пикник на обочине»

1974 «Парень из преисподней»

1976–1977 «За миллиард лет до конца света»

1979 «Жук в муравейнике»

1985 «Волны гасят ветер»

1986 «Хромая судьба». Часть этого романа была написана в начале 1970-х годов, включая текст «Гадких лебедей» как роман в романе.

1987 «Гадкие лебеди». Написаны в начале 1970-х и опубликованы на Западе в 1972 году (в Германии) и в 1979 году (в английском переводе).

1988 «Град обреченный». Написан в середине 1970-х годов.

1988 «Отягощенные злом, или Сорок лет спустя»

Библиография

1. Произведения Аркадия и Бориса Стругацких

Стругацкие 1964а — *Стругацкий А., Стругацкий Б.* Нет, фантастика богаче! Ответ на статью «Обедненный жанр» // Литературная газета. 1964. 3 декабря. С. 2.

Стругацкие 1964б — *Стругацкий А., Стругацкий Б.* Через настоящее — в будущее // Вопросы литературы. 1964. № 8. С. 73–76.

Стругацкие 1970 — *Стругацкий А., Стругацкий Б.* Давайте думать о будущем // Литературная газета. 1970. 4 февраля. С. 5.

Стругацкие 1986 — *Стругацкий А., Стругацкий Б.* Хромая судьба // Нева. 1986. № 8. С. 72–103; № 9. С. 77–105.

Стругацкие 1987 — *Стругацкий А., Стругацкий Б.* Жизнь не уважать нельзя // Даугава. 1987. № 8. С. 98–109.

Стругацкие 1988 — *Стругацкий А., Стругацкий Б.* Между прошлым и будущим // Литературное обозрение. 1988. № 9. С. 24–25.

Стругацкие 2000–2003 — *Стругацкий А. Н., Стругацкий Б. Н.* Собр. соч.: в 11 т. Донецк: Сталкер; СПб.: Terra Fantastica ИД Corvus, 2000–2003.

Стругацкий А. 1985 — *Стругацкий А.* Исполнение желаний // Литературная учеба. 1985. № 6. С. 79–82.

Стругацкий Б. 1990 — *Стругацкий Б.* Арьергардные бои феодализма: Выступление на встрече писателей-фантастов «Антиутопия сегодня» // Литератор. 1990. № 9. С. 1, 3.

2. Английские переводы произведений Стругацких

Следующие издания были опубликованы в твердом переплете в серии «Лучшее в советской научной фантастике» издательства Macmillan (Нью-Йорк) и переизданы в мягкой обложке издательством Collier (Нью-Йорк). Большинство переводов выполнены на качественном уровне.

Roadside Picnic; Tale of the Troika. Macmillan, 1977. Также в мягкой обложке: Roadside Picnic. Penguin Books, 1979.

Prisoners of Power. Macmillan, 1977; Collier, 1978. («Обитаемый остров»).

Definitely Maybe: A Manuscript Discovered Under Unusual Circumstances. Macmillan, 1978; Collier, 1978. («За миллиард лет до конца света»).

Noon: 22nd Century. Macmillan, 1977; Collier, 1979.

Far Rainbow / The Second Invasion from Mars. Macmillan, 1979; Collier, 1980.

Beetle in the Anthill. Macmillan, 1980.

Escape Attempt. Macmillan, 1982.

The Ugly Swans. Macmillan, 1979; Collier, 1980.

Следующие романы были опубликованы вне серии Macmillan:

Hard to Be a God. New York: DAW Books, Inc., 1973.

Monday Begins on Saturday. New York: DAW Books, 1977. (Неудачный перевод одного из лучших произведений Стругацких, но читать можно).

The Final Circle of Paradise. New York: DAW Books, Inc., 1976. Это перевод «Хищных вещей века».

The Snail on the Slope. New York: Bantam Books, 1980. (В это издание входит содержательное предисловие Дарко Сувина).

The Time Wanderers. New York: St. Martin Press, 1986. (Очень плохой перевод романа «Волны гасят ветер»).

3. Художественная литература

Белый 1994 — *Белый А.* Петербург. М.: Республика. 1994.

Браунинг 2006 — *Браунинг Р.* Пестрый дудочник: баллада / пер. М. Бородицкой // Иностранная литература. 2006. № 1. URL: magazines.gorky.media/inostran/2006/1/pestryj-dudochnik.html (дата обращения: 02.01.2020).

Булгаков 1969 — *Булгаков М. А.* Мастер и Маргарита. Франкфурт-на-Майне: Посев, 1969.

Данте 1967 — *Данте Алигьери.* Божественная комедия / пер. М. Л. Лозинского. М.: Наука, 1967.

Платонов 1972 — *Платонов А. П.* Чевенгур. Париж: YMCA-Press, 1972.

Bely 1978 — *Bely A.* Petersburg / Transl. by R. A. Maguire and J. E. Malmstad. Bloomington: Indiana University Press, 1978.

Dante 1986 — *Dante Alighieri.* The Divine Comedy / Transl. by D. Sayers and B. Reynolds. Vol. 1. London: Penguin Books, 1986.

4. Книги, статьи, интервью

Амусин 1988 — *Амусин М.* Далеко ли до будущего? // Нева. 1988. № 2. С. 153–160.

Арендт 2011 — *Арендт Х.* О революции. М.: Европа, 2011.

Бартольд 1966 — *Бартольд В. В.* Мусейлима // Бартольд В. В. Сочинения в 9 т.: Работы по истории ислама и Арабского халифата. Т. 6. М.: Наука, 1966. С. 549–574.

Бердяев 1946 — *Бердяев Н. А.* Русская идея. Париж: YMCA-Press, 1946.

Бердяев 1989 — *Бердяев Н. А.* Астральный роман: (Размышление по поводу романа А. Белого «Петербург») // Бердяев Н. А. Собр. соч.: в 3 т.: Типы религиозной мысли в России. Т. 3. Париж: YMCA-Press, 1989.

Бердяев 2004 — *Бердяев Н. А.* Русский соблазн (По поводу «Серебряного голубя» А. Белого) // Андрей Белый: pro et contra. СПб.: РХГИ, 2004. С. 267–278.

Бочаров 1988 — *Бочаров А. Г.* Литература и время: Из творческого опыта прозы 60–80-х гг. М.: Художественная литература, 1988.

Бритиков 1970 — *Бритиков А. Ф.* Русский советский научно-фантастический роман. Л.: Наука, 1970.

Бритиков 1976 — *Бритиков А. Ф.* «Детективная повесть» в контексте приключенческих жанров // Русская советская повесть 20–30-х годов. Л.: Наука, 1976.

Бродский 1994 — *Бродский И. А.* Предисловие к повести «Котлован» // Андрей Платонов: Мир творчества / Сост. Н. В. Корниенко, Е. Д. Шубина. М.: Современный писатель, 1994. С. 154–156.

Бродский 2016 — *Бродский И. А.* Путеводитель по переименованному городу / авториз. пер. Л. Лосева // Бродский И. А. Меньше единицы. СПб.: Лениздат, 2016.

Васюченко 1989 — *Васюченко И.* Отвергнувшие воскресенье: Заметки о творчестве А. Стругацкого и Б. Стругацкого // Знамя. 1989. № 5. С. 216–225.

Галинская 1986 — *Галинская И. Л.* Загадки известных книг. М.: Наука, 1986.

Геллер 1985 — *Геллер Л.* Вселенная за пределом догмы: Размышления о советской фантастике. London: Overseas Publications Interchange Ltd., 1985.

Гроссман 1970 — *Гроссман В. С.* Все течет. Франкфурт-на-Майне: Посев, 1970.

Йейтс 1997 — *Йейтс Ф.* Искусство памяти. СПб.: Университетская книга, 1997.

Йонас 1998 — *Йонас Г.* Гностицизм (Гностическая религия). СПб.: Лань, 1998.

Каганская 1985–1987 — *Каганская М.* Роковые яйца (Раздумья о научной фантастике вообще и братьях Стругацких в особенности) // 22. 1985. № 43, 44; 1987. № 55.

Канчуков 1988 — *Канчуков Е.* Каждый город и весь мир принадлежал им по праву: Детство в прозе Стругацких // Детская литература. 1988. № 3. С. 29–33.

Лемхин 1986 — *Лемхин М.* Три повести братьев Стругацких // Грани. 1986. № 139. С. 92–117.

Лотман, Успенский 1996 — *Лотман Ю. М., Успенский Б. А.* Роль дуальных моделей в динамике русской культуры (до конца XVIII века) // Успенский Б. А. Избр. труды: в 3 т. Т. 1: Семиотика истории. Семиотика культуры. 2-е изд., испр. и перераб. М.: Школа «Языки русской культуры», 1996. С. 338–380.

Ляпунов 1975 — *Ляпунов Б. В.* В мире фантастики. Обзор научно-фантастической и фантастической литературы. 2-е изд., доп. и перераб. М.: Книга, 1975.

Пятигорский 1974 — *Пятигорский А.* Заметки о «метафизической ситуации» // Континент. 1974. № 1. С. 211–224.

Ревзин 1964 — *Ревзин И. И.* К семиотическому анализу детективов (на примере романов Агаты Кристи) // Программа и тезисы докладов в летней школе по вторичным моделирующим системам. Тарту, 1964. С. 38–40.

Семенова 1988 — *Семенова С.* Идея жизни у Андрея Платонова // Москва. 1988. № 32.

Федоров 1995 — *Федоров Н. Ф.* Собр. соч.: в 4 т. Т. 1. М.: Прогресс, 1995.

Фролов 1984 — *Фролов А.* Научно-фантастическое произведение и его читатель: Повесть А. и Б. Стругацких «За миллиард лет до конца света» // Проблемы жанра. Душанбе, 1984. С. 65–74.

Adorno 1985 — *Adorno T.* Freudian Theory and the Pattern of Fascist Propaganda // The Essential Frankfurt School Reader / Ed. by A. Arato and E. Gebhardt. New York: Continuum, 1985. P. 118–137.

Anderson 1965 — *Anderson G.* The Legend of the Wandering Jew. Providence: Brown University Press, 1965.

Auerbach 1959 — *Auerbach E.* Figura in the Phenomenal Prophecy of the Church Fathers // Auerbach E. Scenes from the Drama of European Literature: Six Essays. New York: Meridian Books, 1959.

Bethea 1989 — *Bethea D.* The Shape of Apocalypse in Modern Russian Fiction. Princeton: Princeton University Press, 1989.

Csicsery-Ronay 1986 — *Csicsery-Ronay I.* Toward the Last Fairy Tale: The Fairy Tale Paradigm in the Strugatskys' Science Fiction: 1963–1972 // Science Fiction Studies. 1986. Vol. 13. P. 1–41.

Dunham 1976 — *Dunham V.* In Stalin's Time: Middleclass Values in Soviet Fiction. Cambridge; New York: Cambridge University Press, 1976.

Eickelman 1967 — *Eickelman D.* Musaylima: An Approach to the Social Anthropology of Seventh Century Arabia // Journal of the Economic and Social History of the Orient. 1967. Vol. 10. No. 1. P. 17–52.

Greene 1986 — *Greene D.* Male and Female in "The Snale on the Slope" by the Strugatsky Brothers // Modern Fiction Studies. 1986. Vol. 32. No. 1. P. 97–108.

Heissenbuttel 1964 — *Heissenbuttel H.* Spielregeln des Kriminalromans // Trivialliteratur. Berlin: Schmidt-Henkel, 1964. S. 162–175.

Holquist 1985–1986 — *Holquist M.* The Philosophical Bases of Soviet Space Exploration // The Key Reporter. 1985–1986. Vol. 51. No. 2. P. 2–4.

Howell 1941 — *Howell W. S.* The Rhetoric of Alcuin and Charlemagne. Princeton: Princeton University Press; London: H. Milford, Oxford University Press, 1941.

Lieu 1985 — *Lieu S. N. C.* Manichaeism in the Later Roman Empire and Medieval China: A Historical Survey. Manchester: Manchester University Press, 1985.

McGuire 1982 — *McGuire P.* Future History, Soviet Style: The Work of the Strugatsky Brothers // Critical Encounters II: Writers and Themes in Science Fiction / Ed. by Tom Staicar. New York: Ungar, 1982. P. 104–124..

Mieder 1987 — *Mieder W.* Tradition and Innovation in Folk Literature. Hanover; London: University Press of New England, 1987.

Nakhimovsky 1982 — *Nakhimovsky A. S.* Laughter in the Void: An Introduction to the Writings of Daniil Kharms and Alexander Vvedenskii. Wiener Slawistischer Almanach. Vol. 5. Vienna: Institut für Slawistik der Universität Wien, 1982.

Pokorný 1986 — *Pokorný P.* Píseň o perle. Praha: Vyšehrad, 1986 (на чешском языке).

Suvin 1972 — *Suvin D.* Criticism of the Strugatskii Brothers' Work // Canadian-American Slavic Studies. 1972. Vol. 6. No. 2. P. 288–307.

Suvin 1979 — *Suvin D.* Metamorphoses of Science Fiction. New Haven: Yale University Press, 1979.

Suvin 1980 — *Suvin D.* Introduction // Strugatsky A., Strugatsky B. The Snail on the Slope. New York: Bantam Books, 1980. P. 1–20.

Teskey 1982 — *Teskey A.* Platonov and Fyodorov: The Influence of Christian Philosophy on a Soviet Writer. Amersham: Avebury Publishing Company, 1982.

White 1971 — *White J. J.* Mythology in the Modern Novel: A Study of Prefigurative Techniques. Princeton: Princeton University Press, 1971.

Wytrzens 1981 — *Wytrzens G.* Eine russische dichterische Gestaltung der Sage vom Hamelner Rattenfänger. Wien: Verlag der österreichischen Akademie der Wissenschaften, 1981.

Yarmolinsky 1929 — *Yarmolinsky A.* The Wandering Jew // Studies in Jewish Bibliography and Related Subjects: In Memory of Abraham Solomon Freidus. New York: Alexander Kohut Memorial Foundation, 1929.

Young 1979 — *Young G.* Nikolai F. Fedorov: An Introduction. Belmont: Nordland Publishing Company, 1979.

Ziolkowski 1972 — *Ziolkowski T.* Fictional Transfiguration of Jesus. Princeton: Princeton University Press, 1972.

Указатель

абсурдисты (обэриуты) 74, 149, 150
Агасфер. См. также Вечный жид 78, 79, 82, 83, 125
ад (Данте) 29, 85, 87–90, 93, 94
Айтматов Чингиз Торекулович 33
Акутагава Рюноскэ 9, 107, 128
андрогинность: в детских образах 101, 162. См. также Чужие.
Антихрист 26, 33, 72, 74, 101
апокалиптический пейзаж. См. Пространство действия.
апокалиптический реализм 7, 25, 30; как реакция на модернизм 100, 115, 119; касательно научной фантастики 167, 171; как реакция на утопические идеалы 55, 116. См. также Быт, Эсхатология, Реализм
Бартольд Василий Владимирович 79–84
Белый Андрей 25, 113, 116, 119, 126, 159
Бердяев Николай Александрович 25, 114, 159, 161

бинарные оппозиции: 26 и гендерные архетипы 155, 159, 161; в русской культуре 150.
Блок Александр Александрович 101
Божественная комедия (Данте) 89, 98
Босх Иероним 92, 95, 96
Браунинг Роберт 46, 47
Бродский Иосиф Александрович 97, 101, 117, 119
Булгаков Михаил Афанасьевич 29, 70, 73, 100, 109, 116, 119, 123–128, 133, 146, 152
быт 28, 30, 83, 102, 104, 109, 115, 139, 166
В круге первом (Солженицын) 62
Введенский Александр Иванович 74, 149, 150
Вечная женственность (София) 146. См. также Соловьев
Вечный жид 78, 166, 167
Волны гасят ветер 19, 20, 32, 37, 50, 56, 58, 61, 64, 75, 130, 135, 163, 176
всадник Апокалипсиса 97

Указатель

Гадкие лебеди 100, 107, 111, 129, 130, 146, 162, 165, 176
Гейне Генрих 64
Гимн жемчужине 120, 121, 126
Гитлер Адольф 36, 84. См. также Лжепророк
гностицизм: у Стругацких 22, 30, 39, 77, 115, 119; у Булгакова 30, 119
гностические Евангелия 120, 123; гностическая мифология 121, 122
Год под знаком гориллы (Шаллер) 77
Горбачев Михаил Сергеевич 7, 12, 130
Град обреченный 23, 36, 85–88, 90, 94–97, 100, 107, 111, 115, 117, 120, 124, 128, 144, 147, 158, 162, 168, 176
Гримм, братья 44, 46
Гроссман Василий Семенович 144, 145
ГУЛАГ 88
гуманизм 95, 131, 134, 165, 167, 169
Далекая Радуга 17, 38, 55, 176
Данте Алигьери 29, 89, 90
демиург 145
детективная литература 13, 15, 152
Диспут (Гейне) 64
Достоевский Федор Михайлович 24, 101, 131
дуализм См. Гностицизм, Бинарные оппозиции
Евангелие от Иоанна 78

Евангелие от Луки 60
Евангелие от Матфея 119
еврейский вопрос 43, 49, 63, 64
Ефремов Иван Антонович 16
жемчужница 120, 125
Жиды города Питера, или Невеселые беседы при свечах 10
Жук в муравейнике 19, 32, 440, 47, 49–51, 56, 147, 150, 176
За миллиард лет до конца света 14, 28, 33, 137, 141, 143, 163, 173, 176
Заболоцкий Николай Алексеевич 132, 149
Золотой ключик (А. Н. Толстой) 73
интеллигенция: 6, 159, 161 читатели Стругацких 6, 28, 36, 37; двойственность идентичности 159; инакомыслящее меньшинство 48
Искусство памяти (Йейтс) 33
история будущего (серия книг) 61, 64, 130, 135
Йейтс Фрэнсис Амелия 33
Йемама (средневековая Аравия) 80, 82
Киплинг Редьярд 66, 70
коммунизм 16, 17, 19, 26, 55, 90
космический романтизм 132
космические технологии, советские 131
Котлован (Платонов) 117
критика фантастики Стругацких 21, 151, 153

культурная память 28, 30, 35, 38, 85, 124, 153: зашифрованная в пространстве действия 34
левитановский пейзаж 67, 68
Лем Станислав 5, 12, 30, 165
Лемхин Михаил Абрамович 14
Ленин Владимир Ильич 166
лжепророки: лжепророки ислама 79, 80, 82; в позднесоветском менталитете 84; в «Отягощенных злом» 32, 81, 84; в «Жуке в муравейнике», 40, 41, passim; в «Волны гасят ветер» 58
лиминальный город 101, 102, 111, 115, 129
Лотман Юрий Михайлович 26
Льюис Клайв Стейплз 30
людены 61–64, 130, 136, 170
Максим Каммерер, трилогия. См. история будущего (серия книг)
Малх 78, 81, 125
Малыш 164, 176
манихейство 29, 144
Мастер и Маргарита 70, 73, 79, 100, 108, 116, 146
Маяковский Владимир Владимирович 132
Медный всадник (Пушкин) 97, 112
модернизм, русский 25, 27
Мусейлима 80 *passim*
Мухаммед 80, 81
Наг-Хаммади (кодекс) 120
наука. См. Советская наука

научная фантастика: шаблонные приемы 13, 15; влияние Федорова 59, 130, 134; как модель научного сообщества 173. См. также Апокалиптический реализм
научно-техническая революция (НТР) 104, 107. См. также Технологический прогресс
национализм: русский 64
неологизм 96
нигилизм 110
Обитаемый остров 19, 40, 176
Отель «У погибшего альпиниста» 163, 176
Откровение Иоанна Богослова (Апокалипсис) 37, 66, 74
Отягощенные злом 22, 28, 32 36, 76, 79, 81, 83, 120, 122, 128, 147, 158, 171, 176
Пастернак Борис Леонидович 101
Пестрый Дудочник: как префигуративный мотив 47, 50
Петербург (Белый) 29, 101, 111, 112, 114
Петр Великий 22, 26, 97
Пикник на обочине 14, 55, 163, 176
Платонов Андрей Платонович 117
поклонники творчества. См. Стругацкизм
Полдень, XXII век 16, 175
Понедельник начинается в субботу 5, 38, 173, 175

префигурация сюжета 31, 38: фрагментированная 52; однолинейная схема 51
прогрессоры 17, 18, 170
пространство действия 11, 28, 32, 36, 67, 92, 118, 127; как литературный ландшафт 37, 167; как шизофренический пейзаж 152
Пять ложек эликсира 103
ранние публикации 136, 138, 168, 173
реализм: в русской литературе 24; социалистический реализм 25; магический реализм 30
Рерих Николай Константинович 115
Русская идея (Бердяев) 25, 26
русская литература: источник альтернативной реальности. См. Культурная память
Серебряный век 29, 39, 127, 132. См. также Модернизм
Серебряный голубь (Белый) 114, 159
символизм, русский. См. Серебряный век
система образов 30, 37, 76, 84, 115, 137, 145, 150, 154, 169. См. также Чужие
Сковорода Григорий Саввич 126
советская наука 7
Советский Союз 6, 28, 78, 93, 109, 120, 156, 173, 174
Солженицын Александр Исаевич 62

Соловьев Владимир Сергеевич 29, 131, 146
Солярис (Лем) 5, 165
Сталин Иосиф Виссарионович 38, 43, 84, 87, 100, 122, 131, 161
Страна багровых туч 15, 175
Странники 79, 134 *passim*, 140, 148, 169, 170
стругацкизм 173
Стругацкий Аркадий Натанович (биографические данные) 5, 7–9, 11, 21, 102, 126
Стругацкий Борис Натанович (биографические данные) 5, 8, 9, 84, 137
технологический прогресс 13, 46
Толстой Алексей Николаевич 66, 73
Толстой Лев Николаевич 24, 73–74, 110, 124, 131
Трифонов Юрий Валентинович 6, 33
Трудно быть богом 5, 14–15, 18, 20, 38, 136, 147, 168, 175
Улитка на склоне 14, 18, 47, 151–154, 162, 176
Уроборос 115–116, 121
Успенский Борис Андреевич 26, 27
Федоров Николай Федорович 29–30, 38, 59, 130–137, 141, 150
Флеминг Ян 66, 73–74
Хармс Даниил 74
Хлебников Велимир 149–150
Холокост 47, 105, 157, 100

Христос (Иисус): в префигурации сюжета 54, 55, 60, 61, 65, 79, 168

Хромая судьба 21, 23, 28, 37, 67, 68, 100 *passim*, 118, 120, 128, 148, 176

Хрущев Никита Сергеевич 38, 43

цензура 101, 109

Циолковский Константин Эдуардович 131, 132, 134

Чернышевский Николай Гаврилович («хрустальный дворец») 170

Чужие: система образов 137, 169; как людены 61, 130; как ученые 143; как женщины и дети 145, 148, 166

Шаллер Джордж Билс 77

эзопов язык 40

экология 50, 55, 170

энтропия 134, 142

эсхатология: в русской культуре 29; христианская эсхатология 72

языковая энтропия 104, 119

Содержание

Введение и благодарности 5
Предисловие 9

Глава первая
АПОКАЛИПТИЧЕСКИЙ РЕАЛИЗМ

Жанр 24
Сюжет 30
Пространство действия 32
Система образов 37

Глава вторая
ЛЖЕПРОРОКИ

Пестрый Дудочник 40
Откровение 50
Зверь Апокалипсиса 65
Лжепророк ислама 75

Глава третья
АПОКАЛИПТИЧЕСКИЕ ПРОСТРАНСТВА

Круги Дантова ада 85
Метафизический пейзаж 100
«Котлован» Платонова 117
После Булгакова 119

Глава четвертая
ЧУЖИЕ НАШЕГО ВРЕМЕНИ

Влияние Николая Федорова	130
Гностицизм и метафизический дуализм	144
Женщины	146
Дети	162
Вечный жид	166
Заключение	172
Приложение	175
Библиография	178
Указатель	184

Научное издание

Ивонн Хауэлл
АПОКАЛИПТИЧЕСКИЙ РЕАЛИЗМ
Научная фантастика
Аркадия и Бориса Стругацких

Директор издательства *И. В. Немировский*
Заведующий редакцией *К. Тверьянович*

Ответственный редактор *И. Знаешева*
Дизайн *И. Граве*
Редактор *Р. Рудницкий*
Корректоры *А. Бауман, М. Левина*
Верстка *Е. Падалки*

Подписано в печать 23.12.2020.
Формат издания 60 × 90 $^1/_{16}$. Усл. печ. л. 12.
Тираж 500 экз.

Academic Studies Press
1577 Beacon Street, Brookline, MA 02446 USA
https://www.academicstudiespress.com

ООО «БиблиоРоссика».
190005, Санкт-Петербург, 7-я Красноармейская ул., д. 25а

Эксклюзивные дистрибьюторы:
ООО «Караван»
ООО «КНИЖНЫЙ КЛУБ 36.6»
http://www.club366.ru
Тел./факс: 8(495)9264544
email: club366@club366.ru

Знак информационной продукции согласно
Федеральному закону от 29.12.2010 № 436-ФЗ

www.ingramcontent.com/pod-product-compliance
Ingram Content Group UK Ltd.
Pitfield, Milton Keynes, MK11 3LW, UK
UKHW022229200326
4878IPUK00006B/22